U0861601

工匠精神

向价值型员工进化

付守永◎著

中华工商联合出版社

图书在版编目（CIP）数据

工匠精神：向价值型员工进化 / 付守永著 .—2 版 .
—北京：中华工商联合出版社，2015.12
ISBN 978-7-5158-1494-0

Ⅰ. ①工…　Ⅱ. ①付…　Ⅲ. ①企业 - 职工 - 职业道德
- 通俗读物　Ⅳ. ① F272.92-49

中国版本图书馆 CIP 数据核字（2015）第 249544 号

工匠精神：向价值型员工进化（工致典藏版）

作　　者：付守永
责任编辑：于建廷　臧赞杰
封面设计：水玉银设计
插图绘画：易晓丹
责任审读：郭敬梅
责任印制：迈致红
出版发行：中华工商联合出版社有限责任公司
印　　刷：北京毅峰迅捷印刷有限公司
版　　次：2015 年 12 月第 2 版
印　　次：2019 年 4 月第 2 版 第11次印刷
开　　本：710mm × 1020mm　1/16
字　　数：220 千字
印　　张：13.5
书　　号：ISBN 978-7-5158-1494-0
定　　价：39.00 元

服务热线：010-58301130
销售热线：010-58302813
地址邮编：北京市西城区西环广场 A 座
19-20 层，100044
Http：//www.chgslcbs.cn
E-mail：cicap1202@sina.com（营销中心）
E-mail：gslzbs@sina.com（总编室）

工商联版图书
版权所有　盗版必究

凡本社图书出现印装质量问题，
请与印务部联系。
联系电话：010-58302915

序一　真修实行

将毕生岁月奉献给一门手艺、一项事业、一种信仰，这个世界上有多少人可以做到呢？如果做到，需要一种什么精神支撑呢？

“一旦你选择好职业，你必须全心投入工作中，你必须爱自己的工作，千万不要有怨言，你必须穷尽一生磨炼技能，这就是成功的秘诀，也是让人敬重的关键。”以上的话来自小野二郎。2012 年，86 岁的小野二郎是全球最年长的三星大厨，被称为“寿司之神”，在日本地位崇高，“寿司第一人”的美誉更远播全世界。小野二郎超过 55 年都在握寿司，他的技术举世无双，因此他对寿司所注入的精神，对待寿司的感情以及其技巧绝对是世上第一；他的寿司店“数寄屋桥次郎”远近驰名，被誉为值得花一辈子排队等候的寿司店。

这就是工匠精神最纯真的呈现。

1. 用修行的价值观代替浮躁功利的工作观。用一生为代价去做一件事情，那是一种纯粹的伟大。拥有修行的状态，才会带给一个人无穷的力量，无穷的热情，无穷的创造力，无穷的热爱，无穷的收获；拥有修行的状态，才能让你的生命沉淀下来，才能让你拒绝身边无穷无尽的诱惑，才能抑制你的贪欲，才能让你专注、聚焦，才能让你把“简单的动作练到极致就是绝招”。

2. 成功不在大小。很多企业都在追求做大，做强；很多员工都在追求只想做“大事”而不想做“小事”。试问：什么是真正的大，什么是真正的小？小的事业做到极致并一直去追求更高的极致，这事业就是“大”，就是“强”。一旦你决定好职业，就必须全心投入到工作中去；你必须爱自己的工作，千万不要有怨言，怨言会扼杀你的激情和价值。

3. 成功其实很简单。工作无论大小，如果穷其一生去做，那就是一种巨大的成功。寿司之神告诉我们，成功原来是那么简单，那么纯粹，只要你热爱并一直爱下去，就会成功。“立体的爱”需要你和你做的事产生“感情链接、心灵互动、价值分享”。品味一份寿司，不仅是口腹上的满足，更是心灵上的撼动，要感悟寿司背后赋予的生命力和对待生命的态度。

小野二郎被誉为“用生命做寿司的人”，令人惊喜的是，多年的教育授课，学员把我誉为“用生命演讲的人”，原来成功有着惊人的相似规律。本书中很多的道理可能我们都似曾相识，但是知道是没有力量的，相信并做到才有力量。这本书的最大价值在于：**帮助每一个人树立正确的“工作观”**。比如：西方人找工作的观念是只选对的，不选贵的；中国人找工作的观念是只选贵的，不选对的。敬畏自己的工作，用正确的工作理念指导自身工作，才会有善果。“一个肮脏的灵魂永远无法去成就善果”，实践正确的为人之道，磨炼自己的灵魂，提升自己的人格，在工作中体悟生命的正道。真正的践行者，一定是工匠精神的受益者，让我们一起开始真修实行吧！

付守永

2013 年 1 月于北京

序二　伟大的时代需要伟大的精神

我们身处的时代最需要什么样的精神？百年企业成功的真正精髓是什么？在一味追求物质刺激而越来越乏力的时代，我们企业人的下一个增长动力从哪里来？本书给了答案。

这本书我是一口气读完的。在全社会都在热议商业模式、盈利模式的今天，在时代热情鼓噪快公司大跳跃的时刻，本书提出的工匠精神似乎不合时宜。然而当你静下心来想想你才会顿悟，慢就是快！本书从魂、道、术的多维立体角度，从国内外成功企业的立场全面深刻阐述了工匠精神的来历、立论和实践应用，揭示了成功的本源！于企业家百年企业的梦想，于经理人成功阶梯再造，于财经工作者再研究，本书都提供了深入到骨髓的见解，所以我熬了一夜读完仍不能寐，欣然为此书作序。

何谓工匠精神？工匠精神就是有信仰的踏实和认真！想想 30 年来无数个企业之星升起又陨落，再看看联想、华为、万科、海尔等一颗颗挂在天上的企业恒星，我们是不是该反思，我们究竟需要什么样的企业精神？长青企业的本源是什么？这个问题就像“你从哪里来，你到哪里去”一样不能回避又不好回答。幸好守永先生做了次勇敢的探索，而且直奔主题。

我从事品牌营销研究 22 年，看惯了星起星落，再读本书时别有感慨。企业百年品牌的核心思想是什么？何谓品牌？我的答案是：品牌是一种信仰！长期以来我们很多人有误区，认为品牌是企业赚钱的工具，最多理解为品牌是产品附加值的符号，这真的是曲解。我首创的品牌理论体系的核心思想就是把品牌认识为一种信仰。乔布斯把电子产品做成了信仰，三星卖的也不是产品，而是你对时尚科技的迷恋，当你的消费者对你的产品着迷时你还需要营销吗？你的企业还缺利润吗？好的东西总是那么惊人的巧合，守永先生的工匠精神其实就是一种现代企业人的信仰。读一本好书，影响人一生。守永先生总是很谦虚说是我的弟子，其实他跟我学品牌营销是有一段时间，但是他真的悟性很高，这本书的整理出版代表他已经进入大师级行列，但是我却隐身于大市中偷闲。超越是人类进步的阶梯，我的愿望之一就是我的学生超越我，看来守永快实现了！鉴于好书是良知，我推荐此书。是为序。

华红兵

（华红兵是中国新一代营销策划掌门人、中国最具创意思想品牌营销大师、中国唯一持有“策划金钥匙”的国家级专家）

序三　一个工匠的“脊梁”精神

一提到工匠，我一下子就想起了中国隋朝著名工匠李春设计并建造的赵州桥，距今已有1400多年的历史了。期间经历了8次以上地震的影响，8次以上战争的考验；承受了无数次人畜车辆的重压，饱经无数次风刀霜剑、冰雪雨水的冲蚀，却雄姿不减当年，仍然巍然屹立至今。李春不愧是中国古代工匠的杰出典范。还有再早一些，春秋战国时期的鲁班，因为他勤于劳动和思考，在机械、土木、手工工艺等方面都有所发明。今天，木工师傅们用的手工工具，如锯、钻、刨子、铲子、曲尺，划线用的墨斗，据说都是鲁班发明的。每一件工具的发明，都是鲁班在生产实践中得到启发，经过反复研究、推敲、试验才制作出来的。鲁班也因此成为后世公认的“工匠始祖”。

近现代，我想起了让全世界人不得不敬佩的德国品牌，如奔驰、宝马等，现在，德国仍然是世界上人均工程师比例最高的国家。还有我们的近邻日本，也是在工业化方面精益求精，在许多方面领先全球。

以上成果、荣誉等都离不开工匠的努力和付出。可以毫不夸张地说，工匠在推动人类文明方面做出了不可磨灭的贡献。工匠是勤劳、敬业、稳重、干练以及遵守规矩、一板一眼、说一不二、一丝不苟等美好词语的代名词。因此，高尚的工匠精神是任何时代绝不可缺少的，应该予以大力弘扬。如果忽视工匠精神，那么社会不断发展和人类文明持续走向辉煌就会受挫，工匠精神这股有生力量推动人类进步的愿望就不能很好地实现。

这本书以一种通俗而又严谨的语言告诉人们，什么样的工匠才是一个合格工匠，做一个合格工匠的基本素养和他需要怎么样的付出，合格工匠的心态怎样保持平衡以及怎样才能发挥出优秀的工匠精神等。

作者从中外大量的事实中阐述了他的观点，文章夹叙夹议，层次分明，语言生动形象，客观严谨，这就容易给读者留下深刻的印象。在谈到工匠不仅仅是把工作当作赚钱的工具时，他用一位大提琴师下岗后做一名葬仪师和家喻户晓的“庖丁解牛”的故事来说明普通工匠对工作的执著，“对所做的事情和生产的产品喜欢精雕细琢、精益求精”。这说明了工匠的技术是多么的炉火纯青和登峰造极啊！工匠的一举一动不仅表现出高超的技艺，还融合了他们骨子里的一种职业精神。

面对现代极速发展的信息网络社会，我们如何弘扬工匠精神？在这里，我想就工匠精神从以下几个方面与广大读者朋友交流一下：

劳动的重要性。在古代，等级制度让人深恶痛绝，“士农工商”的顺序延续了不知多少年，“士”在古代代表做官或读书，“工”仅排为第三位，可见工匠在古代的地位是非常之低的，工匠是不被看重的职业。尽管如此，最可贵的是许许多多的工匠仍然为人类做出了不可磨灭的贡献。就拿李春来说吧，他是隋代的一位普普通通的工匠，由于史书缺乏记载，他的生平、籍贯及出生年月到现在都没有办法得知。人们仅从唐代所流传下来的一篇描写赵州桥的铭文中才知道是李春建造了这座有名的大石桥。

可悲的是，我们看到，现代社会仍然有对工匠持有偏见的现象，有些人骨子里还对工匠另眼相待，在许多方面的不公正表现真让人感到痛心。人们仍然普遍认同“万般皆下品，惟有读书高”的荒唐观点，对工匠职业缺乏一种尊重心态，更谈不上敬畏和仰慕了。如果持有“惟有当官高”、“惟文凭论英雄”的错误观点的话，恐怕我们今天就不能阅读这本书了，因为本书的作者就是“到目前为止我仍是一个没有拿到毕业证的学生”。我们这个社会也就少了一位可爱的、专注的、孜孜以求、不耻下问、懂得知足、完全依靠自己的一种工匠精神打拼成功的管理培训师。那将是这个社会多么大的悲哀，是这个民族多么大的悲哀！

谈到各种各样的职业，就不得不谈一下工匠的劳动平等和高低贵贱之分的问题。我们传统的观念总是认为动鼠标的总比动泥瓦刀的重要，其实这种观点是极其错误的。这个世界上所有的职业和地位都是平等的，没有任何高低贵贱之分，只是劳动的分工是不同的。谁也不能说一个屠夫就没有一个摄影师重要。作者在本书中列举的一名葬仪师的事故，让那些看不起工匠职业的人听了后要跌破眼镜的。

劳动一般分基本劳动、基础劳动和高级劳动。基本劳动是你求得生存的最基本活动，比如说你得动用筷子，才能吃到饭。基础劳动是一个人通过劳动，体现出了价值，从而获得基本的生存能力。基础劳动里有高级劳动的成分，基础劳动做到极致，就会变成高级劳动，比如说把普通的刺绣变成为高级的、精工的刺绣，就更能体现出高级劳动的价值和才能。基础劳动和高级劳动做不好，将会一文不值。基础劳动和高级劳动里会诞生不同类别的工匠。我们不能用谁识字、谁不识字来划分工匠的劳动，工匠在任何情况下的劳动都是平等的。可以肯定地说，一个葬仪师的工作与一个院士的工作是完全平等的。只有在平等的前提下，劳动的交换才是有意义的。我们一定要坚决反对劳动的不平等，杜绝没有创造劳动价值的人欺负创造了劳动价值的人，杜绝不劳而获的人以任何不公正的方式对待勤劳敬业的工匠的努力付出。只有大力弘扬和提倡劳动是平等的，才能对各种各样的工匠的人格给予尊重，才能使工匠们在各行各业中充分发挥他们的价值，才能使他们有尊严地工作和生活。

工匠劳动的不可替代性。工匠的劳动具有不可替代性，一个科学家的工作就不能代替一个油漆匠的工作，一个博士也完全不能代替一个木工。但是不管是基本劳动，基础劳动，还是高级劳动，勤劳是必须具备的，勤可补拙，所有的事情只有通过勤劳的双手才能完成。一个人如果懒惰了，那就不要对他抱有太大希望了。因为他好逸恶劳，就一定会走捷径，一定会不务正业，一定会让人失望的。只要勤劳，他起码不会挨饿，起码不会找不到工作，起码不会不受到尊重。尽管有些优秀工匠在某些方面具有天生的才能，但大多数工匠并不一定具有这方面的能力，只能靠长期从事某项劳动并进行长年累月的积累，把一件事做得游刃有余了，他才能成为出色的工匠。而不是人们普遍认为的只有文凭越高，才越能凸显劳动的价值和地位，这是极其可怕的、扭曲的认识！

工匠精神的分类。读完本书，可以看出，作者在阐述工匠精神方面，基本上将工匠分为两大类：一类是普通的、在各自岗位上勤劳、敬业、投入和全身心奉献的普通工匠；另一类是以稻盛和夫、乔布斯等为代表的一代巨匠。现代社会既需要普普通通的工匠的默默付出，也需要领袖式人物来领导和开拓。因为有工匠的出色表现，才出现了“得心应手”、“运用自如”、“迎刃而解”、“游刃有余”、“鬼斧神工”、“胸有成竹”、“出神入化”等词语的诞生。而谈到领袖式人物时，则更多地讲述了他们所具有的非同寻常的品质和毅力，以及他们的努力影响和带动了一批批优秀团队的品质和精神。领袖式人物一般也在某些技艺方面表现出超常的造诣和功夫，并且把这种造诣和功夫恰到好处地融会贯通到其他方面。

工匠良好的职业心态。作者提倡把工作当作一种修行时，始终关心的是工匠的心态问题。他用“三减三增”清楚地回答了工匠如何才能体现出工匠精神，如何把工作变成幸福的问题，即“利己心的日减，利他心的日增；攀比心的日减，感恩心的日增；索取心的日减，给予心的日增”，奉劝工匠要“放下功利心、浮躁心、投机心”，并以自己生活中引导和教育一位朋友的真实事例告诫人们，人不能有投机心态。作者用了较大篇幅，旁征博引来论述心态的问题，足见做一位合格和出色的工匠，其心态问题是何等的重要！作者认为，作为工匠不仅要自身拥有一定的优势并加以合理利用，而且还要有对生活意义的理解和追求，要始终如一地保持良好的心态去完成每一项工作。

心态还表现在工匠要有正确的金钱观。作者用正反事例说明工匠应该如何正确对待金钱：只要是正当劳动的付出所得，就是应该获得的；但非正常的或者极其贪婪的追求得到的钱财，最终只会带来麻烦甚至是祸害。读起此书，就像一位大师在谆谆劝导一位懵懂的孩子如何做人做事一样，能让人深深品味其中的道理。工匠绝不能为金钱而不顾一切，昧着良心一味地去追求那种膨胀式的规模和效率的发展。如今，社会上出现的许多怪现象，恐怕绝大多数原因都是一些人违背工匠做人原则，违背自然发展规律，违反国家法律法规才做出的伤天害理的事，造成了大量无法挽回的损失，实在让人揪心，也让工匠精神的光芒黯然失色。

工匠价值的体现。美国兰德公司曾花了20年时间，跟踪了500家世界大公司，发现其中百年不衰的企业有一个共同的特点：人的价值高于物的价值，共同价值高于个人价值，社会价值高于利润价值，用户价值高于生产价值。人是创造社会财富和推动历史发展的主体。

但现在，我国的主流教育在培养人方面，往往推行应试和精英教育，过分强调白领和公务员教育，而对蓝领和特种职业的教育不够重视，没有非常好地倡导和推行，远没有认识到培养合格“工匠”的重要性。尤其我国是一个制造大国，距离“制造强国”和“创新强国”还有非常长的路要走。这说起来是一个非常沉重的话题，但我们绝不能回避这一重要话题，更不能不大力弘扬工匠的职业精神。在此大背景下，作者以积极和迫切的态度，以工匠为主题阐述如何弘扬人类最基本的工匠精神，把工匠的工作上升为修行，这实在是一件难能可贵的事情。对于 21 世纪迅速发展的中国来说，这本书的思想一定具有长远的现实意义，也充分体现了作者作为一位资深的培训师不只是在讲堂上慷慨激昂地演讲，而是表现出他具备浓浓的责任感和坚强的意志。不可否认的是，在现代社会，谁越能把工匠精神发挥得淋漓尽致，谁的竞争优势才能越强大，谁才能具有真正的不可替代性，谁才能永远在国际国内的复杂环境下立于不败之地。

最后，祝愿所有读者都能享受到一位优秀的工匠在取得某些工程或工作的成功后志得意满的惬意和荣耀，从而拥有真正的幸福生活。找到做人的真正意义和价值所在，让中国大地处处弘扬和彰显优良的工匠精神，我想这也是作者通过多年来的培训实践和总结来撰写这本书的初衷吧。希望本书出版后，能给予现代社会整天劳心劳力劳神的人们以正能量的启示！

德胜（苏州）洋楼有限公司

知识产权与文化中心总经理　赵雷

序四　魅力企业　幸福工匠

2011 年，韩国中央银行韩国银行发表了一个名为《日本企业长寿的要因与启示》的报告书。书中指出，公元 578 年从百济渡往日本的金刚重光（柳重光）创业的日本建设会金刚组是世界上最古老的企业，至今已有 1433 年历史。位居世界最古老企业第 2 名、第 3 名的也是日本企业。根据报告书显示的数据，世界上持续存在 200 年以上的企业有 5586 家，分属 41 个国家，让人惊叹的是其中 3146 家企业集中在日本。其后是德国 837 家，荷兰 222 家，法国 196 家。

在日本，创业 1000 年以上的企业有 7 家、500 年以上的有 32 家、200 年以上的有 3146 家、100 年以上的有 5 万家，这些长寿企业中，89.4% 是不满 300 人的中小企业。

报告分析，日本企业能在漫长的岁月中依然存在的秘诀是——细水长流、不追求眼前利益、诚信经营、专业专注、透澈的职业精神、超越血缘的继任者挑选、保守的企业运作等。此外，比其他国家更少遭受外国侵略和尊重手艺人的社会气氛等，也带来了积极的影响。

以上种种正是作者此书的精髓所在——“工匠精神”！

《工匠精神》，看到书名就深深地吸引了我，在当今这个浮躁的社会里，工匠精神正是我们所需要的，作者在书中明确地告诉我们，工匠精神是对工作的执着，对所做的事情和生产的产品的精雕细琢，精益求精。

中国不仅需要创造，更需要制造。当我们大谈中国创造的时候，可否停下来思考一下，我们的制造做好了吗？中国已经成为制造大国，而远非制造强国。大是规模，是量的增长，靠的是机会和资源；强是价值，是质的增长，靠的是战略、技术和管理。当我们在大肆宣扬抵制日货的时候，可曾思考什么才是真正意义的抵制日货？我认为作者给了我们答案，对于企业家而言，建立令世界尊敬的中国企业是抵制日货的最好方法；对于企业员工而言，把我们的产品做得比日本的更出色是抵制日货的最好方法。

中国不缺少创业人，缺少的是职业人。在我们的社会里讲利益的人越来越多，讲责任的人越来越少；讲权力的越来越多，讲成长的越来越少；讲关系的越来越多，讲原则的越来越少。要想让中国成为世界强国，我们需要的是在各个岗位上的职业人！什么是职业人？作者也给出了答案。记得惠普公司创始人威廉·休利特说："回顾一生的辛劳，我最自豪的，很可能是协助创设一家以价值观对世界各地企业管理方式产生深远影响的公司。"支撑我们的不仅仅是利益，更多的是我们对原则的坚守。

一家伟大的企业必须有一种精神的指引，一家长寿的企业必须有一种精神的传承，一家受人尊敬的企业必须有一种精神的捍卫！工匠精神无疑是这个时代宝贵的精神财富。让我们一起传播工匠精神、实践工匠精神，让更多的企业、更多的员工因工匠精神而创造与众不同的客户价值，从而实现企业的可持续发展。

最后，感谢作者为我们这个时代提供的如此有价值的学习教材！

中旭股份总裁　王笑菲

2013年1月于深圳

目录 Contents

第四章 工匠之术——用对方法，创造价值

第五章 工匠之器——唤醒生命中的正能量

导言　我们为什么需要工匠精神?

世间只有必然性没有偶然性!

截至 2012 年，寿命超过 200 年的企业，日本有 3146 家，为全球最多，德国有 837 家，荷兰有 222 家，法国有 196 家。为什么这些长寿企业扎堆出现在这些国家，是一种偶然吗?他们的长寿秘诀是什么?我们研究发现他们都在传承着一种精神——工匠精神!

很多人认为工匠是一种机械重复的工作者，其实工匠有着更深远的意思。他代表着一个时代的气质，坚定、踏实、精益求精。工匠不一定都能成为成功企业家，但大多数成功企业家身上都有这种工匠精神。

“工匠精神”可以从瑞士制表匠的例子上一窥究竟。瑞士制表商对每一个零件、每一道工序、每一块手表都精心打磨、专心雕琢，他们用心制造产品的态度就是工匠精神的思维和理念。在工匠们眼中，只有对质量的精益求精、对制造的一丝不苟、对完美的孜孜追求，除此之外，没有其他。正是凭着这种凝神专一的工匠精神，瑞士手表得以誉满天下、畅销世界，成为经典。

工匠精神不是瑞士的专利。日本式管理有一个绝招:用精益求精的态度，把一种热爱工作的精神代代相传。这种精神其实就是“工匠精神”。

所谓“工匠精神”，其核心是：不仅仅是把工作当作赚钱的工具，而是树立一种对工作执著、对所做的事情和生产的产品精益求精、精雕细琢的精神。在众多的日本企业中，“工匠精神”在企业领导人与员工之间形成了一种文化与思想上的共同价值观，并由此培育出企业的内生动力。

在获得奥斯卡奖的日本影片《入殓师》（入殓师就是殡仪馆里的葬仪师）里，一个大提琴师下岗失业后到殡仪馆当了一名葬仪师，通过他出神入化的化妆技艺，一具具遗体被打扮装饰得就像活着的人睡着了一样，他也因此受到了人们的好评。这名葬仪师的成功感言是：当你做某件事的时候，你就要跟它建立起一种难以割舍的情结，不要拒绝它，要接受它，要把它看成是一个有生命、有灵气的生命体，要用心跟它进行交流。

“工匠”是技艺精湛的人。在欧洲，德国的学徒传统培养了最优秀的工匠，瑞士的顶级名表都是工匠一个零件一个零件打磨而成的。工匠精神，就是追求极致的精神，并且专业、专注。

在这个“商人精神”横行的年代，个人和企业都面临巨大的生存挑战。比如一些以山寨产品为主的企业，在外部环境好的时候，企业可以生存，一旦外部环境变得恶劣，企业很容易马上倒闭。

企业的核心因素是人，而脱离这种困境的途径就是培养企业的“工匠精神”。工匠不断雕琢自己的产品，不断改善自己的工艺，他们在享受产品在手中升华的过程。其他企业热衷于“圈钱——做死某款产品——出新品——圈钱”，而打造“工匠精神”的企业却在从另外一方面满足自己的精神需求，看着自己的产品在不断改进、不断完善，最终以一种符合自己严格要求的形式存在。

工匠用工作获得金钱，但工匠不为钱工作。一个人所做的工作是他人生态度的表现，一生的职业就是他志向的表示、理想的所在。

工匠精神并不是舶来品,《庄子》中就记载了一个“庖丁解牛”的故事。

厨师给梁惠王宰牛。他的手所接触的地方，肩膀所倚靠的地方，脚所踩的地方，膝盖所顶的地方，哗哗作响，进刀时豁豁地，没有不合音律的。

梁惠王问:“你解牛的技术怎么竟会高超到这种程度啊？”

厨师回答说，他凭精神和牛接触，而不用眼睛去看，依照牛体本来的构造，用很薄的刀刃插入有空隙的骨节。十九年了，他的刀刃还像刚从磨刀石上磨出来的一样锋利。

厨师还说，每当碰到筋骨交错很难下刀的地方，他就小心翼翼地提高注意力，视力集中到一点，动作缓慢下来，动起刀来非常轻，豁啦一声，牛的骨和肉一下子就解开了。

庖丁解牛的故事告诉人们这样一个道理：做任何事要做到心到、神到，就能达到登峰造极、出神入化的境界。看看瑞士名表，将一项技术发挥到极致，顶级品质造就了顶级品牌。

工匠精神不是口号，它存在于每一个人身上、心中。长久以来，正是由于缺乏对精品的坚持、追求和积累，才让我们的个人成才之路崎岖坎坷，组织发展之途充满荆棘。这种缺乏也让持久创新变得异常艰难，更让基业常青成为凤毛麟角，所以，在资源日渐匮乏的后成长时代，重提工匠精神、重塑工匠精神，是生存、发展的必经之路。

ARTISAN SPIRIT

第一章

生命的觉醒——树立正确的工作观

我是谁？

我应该是谁？

我从哪里来？

我要到哪里去？

带着四个问题的思考，我们重新认知生命存在的价值。我们都拥有生命，可是大部分人却不断地糟蹋它，虚度年华，浪费生命！一个不懂得生命意义和价值的人，生命本身对他来说就是一种惩罚！贪、嗔、痴人生三毒，正在侵蚀我们健康的肌体，解决以上问题的唯一途径是生命意识的觉醒。回归原点，重新出发！

生命预演：假如今天是你生命中的最后一天，你会做哪 5 件事？

1. ______________________________

2. ______________________________

3. ______________________________

4. ______________________________

5. ______________________________

从钱谈起：你拥有正确的金钱观吗？

2012 年 9 月 23 日，我在宁波的阿育王古寺与圣凯法师进行交流。

法师问了一个问题："钱是用来干什么的？"

当时我们很多人对这个问题发表了个人见解，最后，法师一句话让大家醍醐灌顶。

法师说："钱是用来帮助我们实现梦想的，但我们的梦想绝对不是为了钱。"

我出生在一个贫穷的家庭，父母都是农民，家中三个孩子，我是老大。为了早日当家，我没有完成学业就离开了学校。因此，到目前为止我仍是一个没有拿到毕业证的学生。这一路走来，最感恩我的父母：他们对我最大的影响是永远不打击我的选择与梦想。

父母说的最多的一句话是：孩子，我们相信你的选择！

参加工作后，拿到第一个月工资480元钱，我给父母买了礼品，剩余不多的钱去书店买了很多书。我体会到了有钱的幸福：钱要用来孝敬父母和投资在自己的学习上！这应该是我最初的金钱观吧。

工作的第二个月，我拿到了600元的工资。当时我以为发错了，就去找老板。老板说："我给你涨工资了。"我很惊讶，便问老板为什么。

老板说："我发现虽然你只来公司一个月，但你对待工作很用心，干活很认真，也很乐于帮助其他同事。"

我当时明白了一个简单的道理：钱不是你向老板争取来的，是自己把工作做好后的回报！

从那时起，我告诉自己，对待工作就要像对待自己的生命一样：认真、负责、用心、品质！绝不用钱的多少来衡量对待工作的态度。那时我明白了钱和工作的关系。

在今天的社会里，拜金主义大行其道。当我们的眼睛紧盯着钱的时候，我们却没有了对工作的用心、认真、负责和品质，更缺少了对待工作的敬畏心、荣耀心与喜悦心。我们更多的是斤斤计较、马马虎虎、抱怨指责、潦草交差。

有个故事很能说明这个情况。

> 钱是怎么来的？
> 钱是价值创造的回报。

一个男人在公司工作了25年，他每天用同样的方法做着同样的工作，每个月都领着同样的薪水。一天，愤愤不平的男人决定要求老板给他加薪及晋升。他对老板说："毕竟，我已经有了25年的经验。"老板叹气说："你没有25年的经验，你是一个经验用了25年。"

钱是怎么来的？钱是价值创造的回报！要想让自己赚更多的钱，先问自己创造了多少价值。钱是价值呈现的一部分，钱不是生命的全部！有个很流行的说法是这样讲的："钱能买到床铺，却买不到睡眠；钱能买到补药，却买不到健康；钱能买到食物，却买不到胃口；钱能买到书籍，却买不到知识；钱能买到钟表，却买不到时间……"

法国作家小仲马的名著《茶花女》一书中有这样一句话："金钱是好仆人、坏主人。"是做金钱的主人，还是做金钱的奴隶，这反映了两种不同的金钱观。如果一个人沦落到为金钱而生活，他便成了金钱的奴隶。此时，膨胀的金钱需要实际上征服了人的灵魂，并且不断地积累成生活的枷锁。

那么，怎样判断自己是否拥有正确的金钱观？不妨先看下面几个问题。

1. 当你为集体做了一些事情时，你必须得到金钱上的补偿？

是□否□

2. 你觉得享受佳肴、穿名牌服装、开豪华车等是生活的全部？

是□否□

3. 你认为富有就是有很多钱？ 是□否□

4. 你认为有钱后，人一定会快乐？ 是□否□

5. 你认为金钱可以控制一个人？ 是□否□

6. 你同意“金钱就是实力”这个观点吗？ 是□否□

这只是一个非常简单的测试。如果以上六个问题，你的回答超过半数为“是”，那么很遗憾，你需要重新审视自己的金钱观。否则，你可能终将堕入“唯利是图”的拜金深渊。经济学家哈克曾说：“钱的丑恶就在于它能把人们引向深渊，引向地狱，引向罪恶。”这样的例子古今中外都不胜枚举。

比如，谁都希望自己买彩票中奖。但是，根据调查研究，多数买彩票中了大奖的人，在十年后的生活都不如他中奖之前——金钱带来的未必都是幸福。

德米尔是西班牙的一个小市民，有一份推销员的工作，虽然收入不高但也衣食无忧。有一次，他买的一张足球彩票中了巨奖，奖金是7000万美元。德米尔一夜暴富。

喜出望外的德米尔辞掉了工作，开始过奢侈豪华、荒淫无度的生活。他每天看球赛、观斗牛，吃喝玩乐。

虽然他也偶有投资，但是他的经验和能力限制了投资收益，基本上是赚少赔多。就这样，7000万美元在10年后被挥霍一空，德米尔变得一无所有。这个时候，习惯了奢侈生活的他已经不可能再回去当一个推销员，于是他开始四处借债，买彩票并多方投资，希望能重新过上富人的生活，结果却只是让自己债台高筑。

最后，他铤而走险，结果因入室抢劫而被捕，锒铛入狱。

就这样，一笔突如其来的巨额钱财，使一个本来还可自立的人成为了囚犯。

能够使用金钱的人，或许能够经由金钱而得到幸福，但是如果没有活用金钱、有效地发挥人的作用的能力，反而会失去做人的根本。

巴菲特曾说过："金钱让我富有，却也让我恐慌。"为什么现在美国等西方国家的一些人，宁可让孩子贫穷，也不愿意让他们富裕，就是因为不劳而获的生活，很可能给他们带来不利的后果。

在日本颇有影响力的《朝日新闻》里曾报道过这样一件事：

有一个老人到市政府拜访，在办公桌上放了一个纸袋，说："希望这包东西让身体不便的人使用。"说完就走了。办公人员将纸袋打开一看，里面竟有500万元。办公人员急忙去追赶老人，并且一定要他说出住址、姓名、职业等信息，老人只留下一句话："请不要让我丢人。"然后离去。

办公人员寻访的老人，所拥有的500万元是变卖祖先传下来的山林，做为城市的垃圾焚烧场用地而得的款项。虽然拥有这么一大笔钱，但老人心想："巨款将会使人心改变。对我来说，根本不需要这笔钱。为了我的孩子及孙子，还是不要这笔钱好。金钱必须能够加以灵活运用，所以，还是把这笔钱捐出去吧！"

有些人并非不重视钱财，也不是不爱钱，而是选择了对自己更重要的东西。

关于金钱的本质，唐朝的著名文学家张说在《钱本草》中说得很明白："钱，味甘，大热，有毒。"张说用草药比喻钱，说明钱财的本质非好非坏，非善非恶，好坏存乎人的运用之间。如果钱用好了，就像草药一样可以治病；但如果用不好，它就像毒药一样会伤害性命。

在中国的经济发展史上，陶朱公范蠡是商人心中崇拜的偶像，世称“商圣”。他重义轻利，仗义疏财，能发家致富，又能散财，成为人们心目中难得的活财神。范蠡的金钱观也为后世所称道：“钱财如刀，可救人亦可杀人；钱财如水，既载舟也能覆舟。”

《史记》中记载了范蠡“三聚三散”的故事。

范蠡辅佐越王勾践复国后，被封为上将军。可范蠡知道勾践为人可共患难不能共富贵，于是就留下一封辞官书，带着少量珠宝乘舟远行，一去不返。

范蠡到了齐国，更名改姓，几年后又成了富翁。齐王派人请他做宰相，但是范蠡认为“久受尊名，不祥”，于是归还相印，将家财分给乡邻，再次隐去。

范蠡到了陶国，再次致富，并自称陶朱公。有一次，他的第二个儿子因杀人而被囚禁，面临问斩。范蠡打算派小儿子带上一牛车的黄金前去探视，看能否赎回儿子的一条命。可是他的长子坚持要去，范蠡只好同意了。

几个月后，长子带着弟弟的死讯回到家。范蠡说：“次子会被杀，我已经想到了。不是哥哥不爱弟弟，而是长子从小与我在一起，知道过日子的艰难，就会看重钱财。而少子生在家道富裕之时，很易弃财。我先前决定派少子去，就是因为他能舍弃钱财，而长子不能。”

很明显，范蠡能够一而再、再而三地白手起家，靠的不是他对钱财的欲望和经营手段，而是他对钱财本质的准确把握，以及对钱财的合适运用。

随着社会贫富差距悬殊的增大，越来越多的人不自觉地成为金钱的奴隶。有些人拼命地花钱；有些人举债消费；有些人为了房子、车子，一直痛苦地打工挣钱……这样，逐渐人们就会对金钱产生极大的贪执，继而带来许多方面的不利影响，尤其对个人发展不利。

总之，钱财能给人们带来痛苦，也能带来快乐，我们要认识它的本质，并认真对待它。

工作是纯粹赚钱的工具吗？

从业多年，我跟很多员工做过交流，我发现他们往往有个可怕的思维定势，即：工作 = 钱。

这个思维定势也反映在面试新员工时。很多人在面试时问得最多的三个问题：1. 底薪多少？ 2. 福利待遇怎样？ 3. 交五险一金吗？而很少有人去问：这是一家什么样的公司？我将从事什么样的岗位？在这里我能得到什么样的锻炼与成长？我能为这个企业创造什么价值？

> 一个人所做的工作，就是他生命价值的体现。

很多人都想得很简单：工作就是为了赚钱，养家糊口，图生存。为薪水而工作，看起来目的明确，但是往往被短期利益蒙蔽了心智，使我们看不清未来发展的道路，成为了工作的机器，结果使得我们即便日后奋起直追，振作努力，也无法超越。所以说那些为金钱工作的人，除了钱就难以得到其他的东西。

在中国广西默默支教十几年的德国人卢安克曾说：“有些人一辈子都在做着自己不喜欢的工作，然后用从工作中赚到的钱去消费，从而让自己获得须臾的快感；但我不是，我直接从我的工作中得到快乐。”

表面上看，我们每天工作都是为了公司的盈利，公司支付我们的就是钱。但我们往往忽略了，工作给予我们的除了钱之外，还有宝贵的经验、良好的训练以及才华的展现！它们能帮助我们创造出更多的财富，所以，与金钱相比，工作中获得的能力、成长、经历、经验、尊重更有价值。

我走上教育之路的领路人邹越老师，一直是我人生的楷模与导师。

2004 年，我第一次参加邹老师的课程。老师在介绍自己的 PPT 上写了四个字“教育兴国”，他说自己要将“教育兴国”作为人生奋斗的目标！

邹越老师就是这么做的。今天，邹越老师就像苦行僧一样奔走在祖国的大江南北，由他原创并主讲的大型校园德育教育主题演讲《让生命充满爱》，已由全国教育专家委员会、“教育·中国”全国校长峰会推荐为“中国校园德育教育、全民素质教育”品牌。2001 年至今，邹越老师已在国内巡回演讲 1000 多场，足迹遍布 22 个省市（自治区），累计行程 300 多万公里，现场直接听众人数超过 500 万、媒体及网络视频点击突破 7000 万人次。邹越老师用充满激情的演讲，感动着所有听过演讲的人，不知有多少孩子痛哭流涕，不知有多少孩子在他的演讲声中高喊：要为中华之崛起而读书！

在国外，邹越老师有自己的公司，有丰厚的物质基础，但是他还是决定回国。看到国内越来越多的人被金钱和物质掩盖了信仰，他想用自己的行动重塑一种精神。他演讲走过的地方，不仅留下了掌声和泪水，感召了许多人，也留下了一种信念和一种精神。邹越老师说：“传播爱——让生命充满爱，让中国充满爱！”老师还常说：“我们中国人并不缺少爱，只是含蓄的个性缺少了爱的表达，让每个人都能尽情地释放爱，促进社会和谐，是这个演讲的最大愿望。”

邹越老师用脚步丈量生命的长度，用灵魂影响生命的宽度，用行动谱写生命的厚度！

诚然，大多数人都必须要靠工作来维持自己的生存，但是如果一心只“为了赚钱而工作”，那么我们无法体会到工作的乐趣和成功的喜悦，更不容易在工作中积蓄经验、提升自我。所以，日本“经营之神”松下幸之助这样告诫青年：“对年轻人来讲，注重才能的积累比注重目前薪水的多少更重要，因为它是每个人最厚重的生存资本。”

现在的年轻人中普遍弥漫着一种不良情绪：好抱怨、不肯吃苦、耐不住寂寞。他们的常态是埋怨工资低、待遇差，羡慕别人的福利比自己好……于是，他们往往为了多一点的薪水，要么在工作环境里明争暗斗，要么频繁地跳槽。其实，这是典型的“捡了芝麻，丢了西瓜”。

作为一个职业人，我们要有自己的方向，如果只把工作当成赚钱的工具，就会成为一个彻底的“打工仔”，成为一个“上班奴”。有哲人曾说：“鸡蛋从外打破是食物，从内打破是生命。”我们应该主动追求目标，而不是将目标当作讨价还价的工具。要真正把自己的工作当做事业来做，而且坚持、负责地做下去。

《以自己的方法致富》的作者史奴利·布拉尼克博士，曾对1500名男女做了持续20年的研究。这项研究从他们20多岁开始，直到40多岁为止。这1500个人当中，有83位受试者成为了百万富翁。

他的研究发现，每个成为百万富翁的人，都很早就下定决心要专攻某件事。结果努力工作15年或20年后，他们猛然发现，自己的净资产已经超过了100万美元。他们是如此忙于自己的工作，以至于都没有发觉自己已经变得富有！

史奴利·布拉尼克博士还发现，在这些富翁中，有百分之七八十不是企业家，也没有超人的技艺天才。他们只是依靠他们在工作中的卓越表现和专长，成为了百万富翁。

> 打工的状态并不可悲，可悲的是打工的心态。

打工的状态并不可悲，可悲的是打工的心态。如果单纯地将工作看成是一种交易，一种赚钱的手段，等于放弃自己提升的空间，也就是放弃了赚更多钱的机会。

那么，除了赚钱，工作还能赋予我们什么呢？很多。简单说来，工作能赋予我们以下三个方面。

1. 工作是影响幸福的重要因素

有四样东西可以让人获得终极幸福：被爱、被赞美、为他人服务、被他人需要。

日本有一家制造无尘粉笔的工厂在业界处于领先地位，可很少有人知道这个工厂70%的员工都带有某种残疾。

有一次，工厂总经理问寺庙住持："为什么在我厂里做事的残疾人比福利院的残疾人看上去幸福？"住持沉思片刻，答道："有四样东西可以让人获得终极幸福：被爱、被赞美、为他人服务、被他人需要。在你的工厂，员工在工作中至少能获得其中的三样，这大概就是他们感到幸福的原因吧。"

拥有工作，热爱工作，这本身就是一种幸福。更何况，工作带来的成就感也是一个人大多数幸福的源泉。

想获得幸福吗？请在工作中做到"三减三增"：

利己心的日减，利他心的日增；

攀比心的日减，感恩心的日增；

索取心的日减，给予心的日增。

2. 工作让我们学会思考人生

高尔基曾说："工作是快乐时，人生便是幸福；工作是义务时，人生便是苦役。"这样睿智的语言，是曾饱受磨难、从事过多种工作的他对人生的感悟。

在工作中会碰到形形色色的人和各种各样的事，贵人能助我们一臂之力，让我们感悟福缘；小人让人困扰甚至受到挫折，让我们体会"进退"的深意。这些人和事不论好坏，都能帮助我们开启心智、领悟生活的真谛。所以说，工作场就是修道场，随处都有开悟的机缘。

3. 工作让我们的梦想得以实现

有句话说得好：立志要如山、行道要如水。不如山，不能坚定；不如水，不能曲达。人生有梦，重在执行。不论你的梦想多么远大，都应该从今天的工作开始做起。

现在的人不是没有能力而是没有方向，或者有了方向却不能为一个既定的目标采取持久的行动，或者经常轻易放弃目标而重新开始。所以，不要只把工作当作赚钱的工具，至少也应该让赚钱跟你的长远目标结合起来。这样，你的生命才有动力，你也不会虚度光阴！

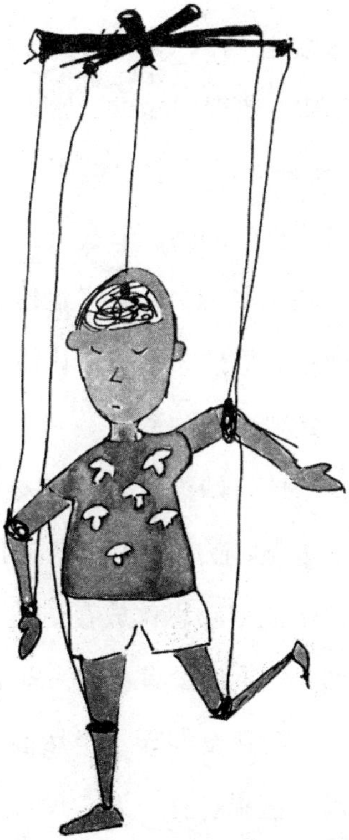
请选择不被欲望操控的人生

放下功利心、浮躁心、投机心

没时间处理感情，只好非诚勿扰；没时间旅游，只好走马观花；没时间学习，只好报速成班，我们把这种方式总结为“快餐式生活”。当生活中只求速度不求内涵的“快餐”越来越多时，原本美好的东西变了味道。反映在工作态度上，就是功利心、浮躁心和投机心。如今，这三种心态已经成为影响我们个人幸福、事业成功、企业发展的重要问题。

“功利心”不同于“进取心”，虽然在表面上看起来，它们的表现形式非常接近，但本质是不一样的。要区别这两者，有一个标准：如果一个人奋发图强是为了满足自己的欲望，那么可以认为那是一种“功利心”的驱使；如果这个人努力的目的是为了实现目标，那么这可以判断为是一种进取心。

我们可以用一个实例来说明，为什么在工作中要放下功利心。

我有个朋友的侄子，大学毕业进了一家不错的单位。小伙子勤勤恳恳地工作，认认真真完成上级交给的任务，学历、能力都不错的他希望尽快得到提拔、加薪。

一年很快就过去了，小伙子发现单位几次提拔都没自己的份，不由得有些郁闷。眼看下一轮副主管选拔又将来临，他有点伤脑筋。一次同学聚会中，同学们纷纷大谈关系经：如何为做人情不惜血本，如何跟老板拉关系等，让他受到了启发。他想，要提拔、想加薪，看来一定要走走关系了。

他开始买了一些有关人脉、交际方面的书，研读后根据上面的说法去做：在电梯里跟老板打招呼；在生日、节日时给上司送礼物……由于他把心思都放在这些“交往”上，本职工作渐渐没那么出色了，结果，不仅没有被提为副主管，还被上司多次训斥。

我朋友的侄子当然很不高兴：请客送礼的钱花了不少，目的依旧没有达到。有一天，我去朋友家做客，刚好小伙子也在，正跟他叔叔抱怨社会不公。我听了一会儿，发现他的问题在于把交际跟得到的利益直接挂钩了，这是标准的功利主义心理。

于是我告诉他，工作中跟同事搞好关系、在上级面前多多表现，这个没有错，但是不能把钻营当业绩。交际技巧也好，人脉拓展也罢，这些归根到底，都是为了让自己的能力有更好的发挥余地。我给他提了个建议：当务之急不是溜须拍马，而是做好本职工作，并且多学习相关的知识，充实自己，等待机会。

小伙子很听话，回去之后果然按我的话做了。他不仅认真工作，努力向老员工学习，还报了一个相关的职业提高班，当然，适当的交际也没有忽略。果不其然，在第二次内部选拔中，他成为副主管的培养对象。

在现实社会中，利益无处不在，但不能把实用理解为实利，那样就会沦为赤裸裸的利益交换。进取心不同于功利心，它是一种积极向上的精神，一种为目标努力奋斗的良好素质。因此，进取心所求的目的不一定是利益，但进取心一定会带来相应的利益。

可以说，个人和社会的发展都离不开“进取心”。所以，我们要放下功利心，用进取心来代替功利心。

> 我们要放下功利心，用进取心来代替功利心。

浮躁心是这个社会的通病，不过在年轻人身上显得更为明显。很多年轻人刚进入社会，心态浮躁，适应能力差，又不善于自我调节。他们往往想找一份既轻松，工资又高的工作。可现实往往不尽如人意，于是浮躁的心态愈加严重，恶性循环。

浮躁心反映在我们生活和工作中的方方面面：做什么事都想要多快好省，一切工作都毛毛糙糙，只想交任务就算。喜欢吹牛，好大喜功，却不愿意踏踏实实地做好当下的工作。喜欢这山望着那山高，有点付出就马上要求回报，否则就觉得吃亏、不划算，这些都是浮躁的表现。

浮躁心是工匠精神的大敌，很多天资过人的年轻人，就是因为浮躁心而荒废了青春，成为一个碌碌无为的打工者。所以，我们一定要马上放下浮躁心，呼唤“踏实精神”！

“投机”是一个比较有争议的词，因为它往往跟“善于抓住机会”这个概念混淆。很少有投机者会认为自己有投机心，他们一般只觉得自己是一个善于抓住机会的人，并且还会以此沾沾自喜。

投机成功者往往被冠以“聪明”的美名，古往今来无数投机成功的案例，也特别容易被片面地放大，因为人的本性更愿意相信传奇，例如传为千古佳话的空城计。

空城计可以说是诸葛亮的一次投机行为：失街亭后，诸葛亮所在的西城被迫直面司马懿十五万大军。此时城中只有数千兵马。诸葛亮叫士兵大开城门，派士兵扮成百姓洒水扫街。他则披上鹤氅，戴上纶巾，命书童抱了张琴，到城上望敌楼前坐下等待司马大军。

司马懿的前锋部队到了城下，看到这种景象，不敢擅入，回去禀报。司马懿生性多疑，自己飞马过去察看后，斟酌再三，终于命令后队改为前队，撤退了。

在《三国演义》中，诸葛亮草船借箭、火烧赤壁……这些四两拨千斤的战术被后人津津乐道，他本人也被神化为智慧的化身。但是人们往往忽略了，诸葛亮一生以谨慎闻名，他的这些投机性的举动，几乎都是出于不得已。

比如，空城计看似冒险，其实是建立在诸葛亮“一生不弄险”的名声以及对司马懿多疑性格的准确把握上。如果城下的不是司马懿而是曹操，诸葛亮的空城计是派不上用场的。所以，孤立起来看，诸葛亮的举动不啻于投机行为，但实际上有其精妙的运筹在内。

投机心要不得的原因是，它会让人们寄希望于某一件偶然的事情来改变全局，但这样的机率是非常小的。特别是在社会发展迅速、竞争激烈的现状下，人们对于成功的急切和对迅速成功的追求，更容易使大家把发展的希望寄托在某几次赌博式的行为中，企图以小博大，通过投机来获得成功。

虽然在现实中，确实有这样的例子，但这种做法得到的成功属于小概率事件，并非是发展道路上的常态。因此，简单地说，投机心是一种以偏概全的侥幸心理。即便有时能取得一些短期利益，但绝非长久之计。

功利心、浮躁心和投机心是阻碍我们成就卓越人生的三大敌人。我们应该放下功利心，以求知精进为己任；改去浮躁心，踏踏实实做人做事；看破投机心，领悟因果律，尊重客观规律。这样，不论社会如何改变，我们都不会失去自己内心的圣殿。

一切问题的根源都是“心的问题”

人的寿命是谁决定的？

世界卫生组织认定：个人的健康和寿命15%决定于遗传，10%决定于社会因素，8%决定于医疗条件，7%决定于气候影响，60%决定于自己。而因自己的原因死亡的人中，50%是气死的，30%是吃死的，20%是累死的。

佛说“我”是一切不善的根源，贪嗔痴三毒都是由于“我执”而起。怨憎会、爱别离、五阴炽盛、求不得，都是人生之苦。现代社会处于高科技时代，但科技不能帮助人们摆脱困惑和不安的折磨，因为这是和人性有关的苦恼，也即源于心的苦恼。

由此看出，“心的健康”非常重要！

其实，生活中我们所感受的大部分问题，都是由于自我意识强烈、汲汲追求名利所致。所以日本禅宗大师山田无文说："现代人自我意识过度膨胀，缺乏自觉，只是把自己的心一味地向着外侧，却忘了觉悟出真正的自己。"

苏轼是个大才子，佛印是个高僧，两人又是好朋友，经常在一起参禅、打坐。苏轼生性诙谐，佛印却很老实，因此他常被苏轼欺负。苏轼觉得占了上风就很高兴，回家总喜欢跟他妹妹苏小妹说。

一天，两人又在一起打坐。苏轼问："你看看我像什么啊？"佛印说："我看你像尊佛。"苏轼听后大笑，对佛印说："你知道我看你坐在那儿像什么？就活像一摊牛粪。"佛印听了只是笑笑，也不生气。

苏轼回家，便向苏小妹炫耀这件事。

苏小妹冷笑一下对哥哥说："参禅的人最讲究的是见心见性，心中有眼中就有。佛印说看你像尊佛，那说明他心中有尊佛；你说佛印像牛粪，想想你心里有什么吧！"

苏轼哑口无言。

俗话说"相由心生"，又说"眼睛是心灵的窗户"，说明从我们眼睛里流露出来的东西是最真挚的。如眼光，我们可以从中看到一个人爱恨情仇的真实表达，所以，我们在怀疑别人撒谎时，都会说："你看着我的眼睛说……"又如眼泪，一个人在被感情冲击时，如果不是心灵里的那份最真的情感被触动了，他是流不出眼泪的。

而口，则是心灵的门户。这句话的重点不在于"口"，而是在于"心"。一个人，只有当他的心态端正了，心怀坦荡了，他说出的话才能令人信服。一个人说出来的话是需要坦荡地去表露自己心灵的，如果一个人，长期昧着良心去说话，也就是我们所说的言行不一，那么，这个人将是无法得到别人心灵的承载的。说白了，就是得不到别人的认可，在别人的心里没有一席之地。

从前有个小男孩，常常出口伤人。虽然说童言无忌，但天长日久，也让身边的人很头疼。这个孩子也想改掉这个毛病，但是总是效果不佳。有一天，他的父亲递给他一袋钉子，让他每当发现自己对人乱发脾气时，就在后院的栅栏上钉下一颗钉子。

第一天，小男孩共在栅栏上钉了 37 颗钉子。

几个星期后，小男孩渐渐学会了控制自己，在栅栏上钉钉子的数目开始逐渐减少了。

他把自己的转变告诉了父亲。父亲又建议他说："如果你能坚持一整天不对人发脾气，就从栅栏上拔下一颗钉子。"经过一段时间，小男孩终于把栅栏上所有的钉子都拔掉了。

父亲拉着他的手来到栅栏边，对小男孩说："儿子，你做得很好。但是，你看一看那些钉子在栅栏上留下的那么多小孔，栅栏再也不会是原来的样子了。当你向别人发过脾气之后，你的言语就像这些钉子一样，会在人们的心灵中留下疤痕。无论你说多少次对不起，那伤口都会永远存在。其实，语言上对人们造成的伤害与肉体的伤害没什么两样。"

当然，在今天这个时代，有太多的人为了得到自己所期望的"利益"，不惜将自己所说的话当成是儿戏，把心口不一当成是理所应当的事，导致人与人之间相互不信任，大家都带着面具过活。

造成这一切的原因，就是因为我们很久都没有打开我们的心扉，没有让我们的心灵坦荡荡地呈现出来，没有让我们的心灵飞出我们的胸腔去感受阳光和雨露。真正的“口乃心之门户”，是让你觉悟、觉醒的真实情感表达。

这个世界的存在，其实就是让人用心灵去感受的，不管是世界的美好还是丑恶，我们都要用心灵平衡地去感受她，美好的，我们向往，丑恶的，我们摒除。如果我们用这样的心灵去感受这个世界，去感受这个世界的任何事物，那我们的世界就会越来越美好。

治天下者必先治己，治己者必先治心。一个对自己内心有完全支配能力的人，对他自己有权获得的任何其他东西也会有支配能力。

现在，请你静静地坐着，好好感受一下你的心灵，好好触摸一下你的心灵。也许你现在感觉自己的心灵若有若无，请不要害怕，如果你还愿意坐下来触摸自己的心灵，就证明你的心灵绝对还在，只是可能被一些尘埃蒙住了。那么，请赶紧给你的心灵来一次洗涤。

当一个人对自己心灵的感触已经忽视了，已经不在乎了，已经不愿意去擦拭心灵上的尘埃了，那么这个人也就失去了活着的意义了。

生命有多种成长方式：年龄的成长，身体的成长，见识的成长，智慧的成长……最重要的成长是心灵的成长。心灵成长是一个人一辈子的课题，是永远上不完、不能毕业、终其一生也无法全部研修完毕的课程。

心灵成长是一条由太多的点滴组成的线路，是一个由太多的细节组成的完整故事，是一片由那么多枝叶架构的苍翠森林。心灵成长是在生活的任何情节中存在的诗意语言，是无穷尽的情绪被整理以后迈向的更高阶梯，是伴随一生的洗礼过程。

懂得静下来的人容易体会成长，比如在一个安静的内室可以聆听内心的声音，心灵能够听懂宁静深处的歌唱。所以，我们选择在最安静的地方历练生命。

懂得慢下来的人才能体会速度，真正的速度其实是一种内心的速度。太快会忽略很多东西，只有慢下来才能看清楚生命中的每个细节。如同走路，慢一些，对路边的风景会有感情，会有观感，会有体验，会发现太多的精彩。

经营心灵就是正心定念，依正“道”而修行。正道有八：

1. 正确的见解；2. 正确的思考；3. 正确的言语；4. 正确的行为；5. 正确的生活；6. 正确的努力；7. 正确的决定；8. 正确的冥想。

这 8 条实践的道路并不是教我们怎样从苦恼中逃脱，而是让我们理解心为产生苦恼的根源，从而化解生活中的种种问题，达到“灭”的境界。

经营心灵是要学会解读宽恕的意义，懂得“这个世界上没有什么坎是过不去的”的道理。任何事情，可以大，也可以小。成长的人懂

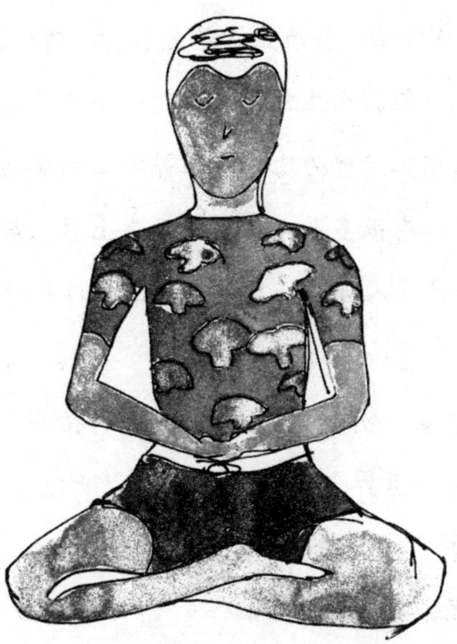

身心灵一致，才是真正的修行

得找到适当的参照物，可以让一滴水澎湃，也可以让一座山静默。宽恕心灵原罪，彰显恩典和感激。

觉醒，从践行“佛性”开始

有人说，我不信佛。稻盛和夫先生说：你可以不信佛，但人人都应该有佛性。佛性和你的宗教信仰无关。

什么是佛性？佛性即觉醒了的心！佛教中，人的本性称为佛性。经书中曾提到‘众生皆有佛性’，所显示的是每个人都有成佛的潜质。白隐大师曾说：“众生本来都可成佛”，就是这个意思。只是“佛性”被贪、嗔、痴、慢、疑遮着，所以需要修炼，需要践行。

现代著名教育家丰子恺在《佛性文心》中这样阐述人的生活：

> “我以为人的生活，可以分作三层：一是物质生活，二是精神生活，三是灵魂生活。物质生活就是衣食。精神生活就是学术文艺。灵魂生活就是宗教。人生就是这样的一个三层楼……世间就不过这三种人。我虽用三层楼为比喻，但并非必须从第一层到第二层，然后得到第三层。有很多人，从第一层直上第三层，并不需要在第二层勾留。还有许多人连第一层也不住，一口气跑上三层楼。”

日本“经营之神”松下幸之助在95岁时接受记者采访说：“像我这样才能的人在这个世界上比比皆是，我之所以能成功，其中关键一点就是对禅的领悟。”他在自传里面也写到，每隔半年都会找一个寺院静心修禅，去沉淀自己。

当时日本有个禅学家在聆听松下的言论后，总结了这样两句话：

“不通禅理，生活乏味；不明禅机，难成大业。”松下电器从一个小作坊发展成国际企业，就是对这句话的最好诠释。

受松下先生影响颇深的另一位著名日本企业家也是一个一生践行佛性的人，他就是著名的稻盛和夫。

稻盛上小学之前，还是战争时期。有一次，他的父亲带他去一位亲戚家。那位亲戚是个佛教徒。在明治政府“废佛毁释”的政策打压下，他们将佛龛和佛像藏在山中偏寂的房里，偷偷保留佛教的传承。

稻盛父子提着一盏灯笼，沿着漆黑的山路，步履蹒跚地来到了深山里一间破旧的房子面前。进去一看，那里坐着一位和尚打扮的人，在念佛诵经。在他的身后，站着五个双手合十的孩子，他们都是小学生。

那位和尚看着稻盛说：“孩子，今生今世，只要你还活着，你就要念诵‘南曼、南曼，谢谢！’每天向佛陀表示感谢。如果你能照我的嘱咐去做，你的人生就会很顺畅。”

少年的经历在稻盛心中种下了向佛的种子，他的佛性被唤醒了。成年后，稻盛皈依到禅宗的佛门之下，取得了僧人的资格。早晚两次在家吟诵禅宗经书，每次最后，他一定说一声“南曼、南曼，谢谢！”。

稻盛认为，正是这种感谢之心，才造就了自己，造就了京瓷公司。

佛性无处不在。践行佛性，就是放下贪、嗔、痴之心，把生活、工作当成是修身的砝码，从中得到快乐与智慧。只有这样，我们才能真正得到成长，达到人生的最高境界。

佛性存在于每个人的内心中，但是践行则体现在生活和工作的点滴。

很久以前，一个小和尚在寺院负责撞钟。

寺院规定早晚各撞一次钟。起初，小和尚很认真，撞出的钟声洪亮、悠远。但是半年之后，他觉得撞钟无聊之极，于是，就开始“做一天和尚撞一天钟”。

就这样过了几天后，住持突然不再用他撞钟了，说他不能胜任撞钟的职务，把他调到后院劈柴挑水。

小和尚很不服气地问住持：“我为什么不能胜任撞钟的职务？难道我撞的钟不准时、不响亮？”

住持说：“你撞的钟虽然很准时，也很响亮，但却空泛、疲软。钟声不仅是寺里的作息时间，更重要的作用是唤醒沉迷的众生。所以，钟声不仅要洪亮，还要圆润、浑厚、深沉。你心中无钟，亦无佛，如何能担当撞钟的职务？”

小和尚顿悟，羞愧难当，决心潜心修炼，最后成为了一代名僧。

所谓佛性，简单地说可以看做人的真性情。人之佛性，源自于内心的蕴藏。但由于外界的种种迷惑、遮掩，如果没有一定的修炼，佛性就如蒙尘之珠，是不可能绽放光芒的。由此，觉醒要从践行佛性，让本心回归本性开始。

案例链接——施华洛世奇：小水晶中的工匠精神

100 多年前，在阿尔卑斯山腹地的边陲小镇里，一个玉石工匠的儿子开始了他人生的第一次创业。此时，他 33 岁。

100 多年后，他的企业依旧驻扎在这个小镇，而从这全球仅有的两间工厂运送出去的产品，已经遍布世界的每个角落。

这个人就是丹尼尔・施华洛世奇。他创造了世界上首屈一指的水晶奢侈品品牌——施华洛世奇。

施华洛世奇在德语中意为黑天鹅。如今，许多人对代表施华洛世奇的那只天鹅形象都不会陌生。因为，这只优雅的天鹅，已经成为施华洛世奇水晶品牌的精神象征。施华洛世奇，也成为当今优质水晶产品的代名词，它代表着高品质、璀璨夺目和高度精确的水晶制品。

然而，施华洛世奇却是一家人造水晶产品制造商，简单地说，它的产品不是纯天然的水晶，其实属于高级玻璃的范畴。可以说，这是一家将人造宝石价格卖得比天然宝石还高的公司！

这并非天方夜谭，因为施华洛世奇水晶提供的价值，不在于宝石的珍稀性，而是美丽、圣洁和高雅，用以支撑此价格的是来自于施华洛世奇的精湛切割工艺和高雅设计。

世界上第一台水晶切割机诞生

这一切必须归功于施华洛世奇的创始人丹尼尔·施华洛世奇。丹尼尔的家在波西米亚伊斯山一个小村庄（现在捷克境内），那里一直就是传统的水晶玻璃手工加工区，这注定了丹尼尔一出生就和水晶结下了不解之缘。作为一个工匠世家的后代，丹尼尔从小就在父亲那里学到水晶制作的各种技艺。

丹尼尔对水晶制作有着天生的热情和过人的细致，学习每一项工艺、每一道程序，都没有过厌倦或放弃。从最初的砂石提炼，到半成品的切割，以及最后无瑕疵地成品打磨，他都能完成得一丝不苟。10岁左右时，丹尼尔就能独立制作一些简单的水晶产品了。

不过，天赋和勤奋并不能让丹尼尔更迅速地成为一个技艺高超的水晶工匠。因为当时的水晶制作基本都是手工作业，难度最大的一个环节就是精细的水晶切割。对于一个成熟的水晶制作人来说，要练就一手好的切割技术，至少要几十年的经验积累。

年轻的丹尼尔或许感受到了一些挫败的滋味，而不服输的他开始思考如何通过改进切割技艺来弥补自身经验的不足。他做过一些简单的创新，不过都没有收到应有的效果。他日复一日地思索着，实验着……

转机来自于第二次工业革命。在电动机、发电机等发明的推动下，电气技术带来一系列技术发明，那些“会动的机器”赋予了丹尼尔灵感。

那是一次偶然的机会，21 岁的丹尼尔随父亲去维也纳参观第一届电气博览会。会后，他决心发明一台自动水晶切割机。

在得到家庭的支持后，丹尼尔从最基础的电气理论学开始，慢慢掌握相关的应用技术，通过严谨的实验，反复推敲各个设计细节。要从无到有创造一种机器，需要付出多少时间和努力？丹尼尔没有多想，因为他只是夜以继日地埋头钻研。

丹尼尔并不急功近利，他凭着对水晶事业的热爱、天性的坚韧和努力，坚信自己能够取得成功。9 年之后，世界上第一台自动水晶切割机终于诞生了。

传统的手工切割不但效率低下，而且由于切割者工艺的差别，造成水晶产品的良莠不齐。切割不好的水晶没有光泽，暗淡无光非常难看。丹尼尔的水晶切割机不仅大大提高了水晶切割的速度和准确度，更难得的是，切割出的水晶呈数十个切面，其美丽和精致程度接近完美，为传统手工切割望尘莫及。

水晶切割机的面世，标志着施华洛世奇时代的开始。1895 年，丹尼尔为水晶切割机申请了专利。同年，他创办了施华洛世奇公司。

创新不止的工匠丹尼尔

施华洛世奇出品的水晶色彩缤纷，切割清脆利落，切割面平滑而无丝毫细纹，很快成为时尚的新宠。很多服装、首饰的制造商和设计师纷纷前来订货，电影公司也对施华洛世奇水晶情有独钟。不过，企业的兴盛并没有阻挡丹尼尔创造的热情。本着一个工匠的精神，他依然在思考如何让水晶产品更精致、更纯净、更璀璨亮丽。

1908 年，丹尼尔开始试制人造水晶，他的目的是制造出无瑕疵的优质水晶。为此，他专门在自己家门口建造了一个实验室，以方便研究。这一年，他 46 岁，依然保持旺盛的精力和过人的坚韧心性。

3 年后，丹尼尔设计一款水晶石熔化炉。这款熔化炉以他少年时在水晶作坊里学到的玻璃水晶配方为基础，结合了正在发展中的水晶制作技艺，凭丹尼尔一贯精益求精的作风，经过无数次反复实验和测试，得以制造出最优质的水晶。

丹尼尔并没有直接把熔化炉投入生产，而是对成品又做了近两年的研究和检验，直到对设计完全满意为止。虽然此时，丹尼尔已经是个大企业主了，但是他首先是个工匠，其次才是商人。对工匠来说，品质高于一切。可以说，正是丹尼尔严谨缜密的心思和对品质的不懈追求，才奠定了施华洛世奇今后的成就。

熔化炉正式投入生产，已经是 1913 年。施华洛世奇公司大规模地生产自己独特配方的无瑕疵水晶石，再以特殊技艺的切割使水晶的光华最大限度地绽放在顾客面前。人们很容易就能把施华洛世奇水晶和其他水晶产品区分开来，无形中，施华洛世奇已经成为水晶制造业的王者。

丹尼尔对品质的追求永不止息。

1915 年，他开始研制自动打磨机，两年后机器研制成功，投入生产。

1919 年，他推出专门为工业界设计的磨砂轮。

1931 年，施华洛世奇公司注册了专门用于服装和配饰的水晶花边及条子，这是一种缀满碎水晶的石带产品。这个产品让施华洛世奇水晶一下子成为欧美时尚界的抢手货。

1956 年，丹尼尔去世，但他留下的工作态度依然是施华洛世奇公司的精神支柱。该年施华洛世奇公司采用独特的真空涂层创出“幻彩”效果的水晶。至此，施华洛世奇已成为全球水晶业界颜色最丰富、色泽最恒定的水晶生产厂家。

精致优雅精神的象征

丹尼尔身后留下了一个极其庞大的家族。和大多数世代传承的百年老店一样，施华洛世奇公司始终由家族经营。这个古老而神秘的公司依然在那个边陲小镇——沃顿镇，续写水晶的传奇。

施华洛世奇这一品牌的核心价值在于其能够不断地赋予产品新的时尚概念，并在竞争激烈的市场中站稳时尚先驱的脚跟。

一方面，施华洛世奇公司把水晶制作工艺当作商业秘密世代相传，独揽水晶切割技术有关的专利和财富。因为施华洛世奇水晶能够闻名于世，是由于它们纯净、独特的切割以及刻面的编排和数目，这是施华洛世奇与众不同的根本。如今，作为施华洛世奇的核心价值和商业机密的人造水晶的配方和独特切割方式，已传至第五代家族成员。

另一方面，施华洛世奇公司继承丹尼尔的创新精神，积极寻找市场空白点、挖掘消费者尚未满足的个性化需求、开发产品的新功能，持续不断地赋予品牌新的价值。

施华洛世奇公司的产品已经不仅限于最初的晚装、服饰、眼镜等，而是延伸到了手表、冰箱、橱柜、灯具等每一个能被水晶装饰的角落。比如，纽约大都会歌剧院、巴黎凡尔赛宫的水晶吊灯都是施华洛世奇出品。而在瓦腾斯小镇的游客，如果走进售卖户外运动品的商店，就会发现用于打猎和观鸟的望远镜品牌正是“施华洛世奇”。

施华洛世奇就是这样以珠宝首饰设计款式的差异作为基础，从而创造品牌独特的、与众不同的价值。

当被记者问到“施华洛世奇不断成功跨界的秘诀”时，施华洛世奇家族的第五代成员、施华洛世奇全球总裁罗伯特·布克鲍尔说：“我认为是创新精神。第一是技术创新，第二是产品设计……没有人可以想象，未来施华洛世奇水晶还会镶嵌到哪里。”

创新的设计理念与外在形式，构成了施华洛世奇在人们心中的时尚地位，也更加优化了品牌的价值所在。施华洛世奇公司的产品最为动人之处，不仅仅在于它的水晶制品看起来多么耀眼夺目，更在于施华洛世奇公司一直通过其产品向人们灌输着一种优雅、圣洁、浪漫和精致文化。正是这种文化和精神，赋予施华洛世奇水晶制品极高的附加值，也令这些仿水晶卖出了比真水晶更高的价格！

点评：

施华洛世奇水晶的传奇，起源于丹尼尔充满智慧的不懈努力。在战乱纷飞的年代，他靠着对水晶的热情、坚韧的毅力和不懈的努力，终于用水晶雕出施华洛世奇事业的不朽功勋。

丹尼尔可以看做是工匠精神的代言人之一。当丹尼尔只是一个作坊的小学徒时，他是认真、刻苦的学习者和工作者；当他在工作中碰到困难的时候，他是一个坚定的追求者和持续思考者；当他开始走上自己的水晶事业之路时，他是个勇敢的跋涉者和无畏的探险者；当他拥有了一定的成果之后，他没有停留，也没有成为一个纯粹的商人，而是把工匠精神发挥到极致：精益求精，不断创新。

丹尼尔还是个伟大的精神传导者。他没有让这种精神在自己身上断绝，这点从他带着三个儿子一起研究熔化炉的时候就可以看出来。我国著名史学家吕思勉曾说过，所谓文化，其实并非多么高深的道理或者学问，究其根本，不过是一种生活方式而已。而丹尼尔的生活和工作方式，正是施华洛世奇文化最朴实的表达。

因此，施华洛世奇家族的后人，虽然在产品定位、产业方向上会有不同意见，施华洛世奇公司也面临过投资失败之类的变故，但提供更高雅、更精致产品的理念从未改变。把最无暇的水晶切割成最璀璨的珠宝，并将之镶嵌在人们生活的每一个部分，自始至终是施华洛世奇努力的方向。

从这个角度来说，施华洛世奇的精神，正如同那只纯净的天鹅，独特而耀眼。

ARTISAN SPIRIT

第二章

工匠之魂——工作是一种修行

我为什么要工作？

工作的价值到底在哪里？

工作不仅仅是一种换回物质利益的行为，它更应该是一种生命态度和价值的呈现过程。那为什么现在大多数人工作得如此痛苦？因为他们自己为自己设限，自己把自己放在了痛苦工作的位置上。所以，成为一个有魅力的工匠，要从改变价值观开始。如果你把工作当做一种修行，你会发现，原来工作是生命的享受！大爱无我，终成大我；利他之心，终成大器！

用信仰累积生命的厚重

今天有不少人存在三大缺失：信仰缺失、诚信缺失、感恩缺失。其中，信仰缺失是最严重的，也是其他心理问题产生的根源。

在我们生活中，处处都可以看到有这样两座房子：一座房子又老又旧，建在路途遥远的郊区或者山上。人们不远千里地赶去，心甘情愿地贡献出自己的财物。当他们走出房子，脸上带着满足的微笑。这座房子叫做庙宇。

另一座房子建在市区，设计新颖，外观时尚，里面各种设施齐全。这座房子不但不需要人们的供奉，而且还向人们支付薪水。可人们目无表情地进去，带着满脸怨气和疲惫地出来。这座房子叫做公司。

庙宇和公司带给人的，有什么不同吗？严格来说，只有一点不同：信仰。

稻盛和夫说：短暂的成功靠能力，持久的成功靠人格！一个人所持有的哲学、思想、信念或者说人格，将决定他的一生。这就是稻盛先生著名的“人格 = 性格 + 哲学”理论。

稻盛先生的意思是：人的先天的“性格”，加上在成长道路上学得的，也就是后天的“哲学”，形成了“人格”。

哲学的本质是一种信仰！

短暂的激情靠兴趣，持续的激情靠信仰。

首位 NBA 美籍华裔球员林书豪被世间称为“信仰创造的奇迹”。2011 年，在台北体育馆举行“哈佛小子——林书豪篮球生命分享会”，与球迷畅谈生命、信仰及梦想时，他曾表示：“信仰是我面对困难时最大的喜乐和勇气来源，帮助我走出低潮，重新找回对篮球的信心。”

林书豪的看法很简单，他只是很喜爱打球，所以尽量多打球，让自己全力以赴做到最好。虽然人生总有失落和不如意，但他总能坚定信念，一往无前。

林书豪曾多次在各种场合提到，是信仰使他在遭遇挫折的时候坚持了下来，才有了后来奇迹的发生。虽然大多数人并不了解信仰的本质，而简单的理解为是迷信，但是了解林书豪的人几乎都承认，他是深爱着篮球且没有一点杂念的人。

他的成功，包括他身上所有的优点，谦虚谨慎，幽默而自信等，都跟他的信仰息息相关。

这里谈的信仰，并非说一定是信某个宗教或者什么主义，它只是一种强大的精神支柱，一种信念。我们需要很多内心的自我反省，可以检查自心和做事动机，基本上就可以知道如何定位“我的人生”。

多年前，联合国曾经用世界著名的盖洛普民意测验方法进行了一项调查，即调查最近300年间的300位最著名的科学家是否有信仰。结果发现，有信仰者则有242人，占80.7%，其中包括几乎所有曾对科学发展作出过重大贡献的科学巨人。这长长的的名单中，有不少我们熟知的名字，如牛顿、爱因斯坦、居里夫人、培根、法布尔……

而另一篇《诺贝尔奖得主信仰小考》的文章则指出，经过调查，诺贝尔奖获得者中有信仰者竟占93.27%。如南非黑人大主教图图，美国著名黑人领袖马丁·路德·金牧师，印度德蕾莎修女等。

曾经有人预测，如果发生第三次世界大战，动用了核武器，而世界注定无法恢复战前的模样和状态，那么，非洲的黑人会是下一世纪的强者。因为白人和黄种人的能力与思想都已被开发，惟有他们，纯真质朴，又有着坚定的信仰，还未被世界所改变。

这个说法当然不无偏颇，但是说明了一个常识：在本质上，信仰远比一时的能力更重要，它带来无与伦比的心灵力量。这也就是稻盛先生所说的：出众的“才华”和非凡的“努力”，可以形成强大的力量，但这种力量用向何方，必须由“人格”来驾控。如果人格扭曲，“才华”和“努力”就会被“恶用”，带来严重恶果。

伯纳德·埃贝斯是业界公认的商业奇才。他通过合并、收购等战略，在不到20年的时间里，创建了一个巨大的美国通信公司——“世界通信”。

埃贝斯的并购方式是：将本公司股票维持在高位值，再用这高价股票通过交换方式，收购竞争对手的企业。

为了不让股票下跌，给股票分析商及股民以错觉，2002年，该公司不惜粉饰报表，将本该计入成本的费用，确认为资本性支出，从而虚增利润达38.52亿美元。

2005 年 7 月，曼哈顿地方法院宣判伯纳德·埃贝斯的证券欺诈、共谋等 9 项指控全部成立，判处监禁 25 年。对于 66 岁的埃贝斯来说，25 年监禁几乎等同于终身监禁。

埃贝斯才华横溢，在经营战略上屡出高招，他出众的能力和非凡的努力，把自己的事业推向顶峰，却在一瞬间一落千丈，身败名裂，令人痛惜。

“世界通信”财务丑闻的本质是经营者的人格堕落。从稻盛先生的方程式看，埃贝斯“能力”及“努力”都是高分，但是“人格”发生问题，出现了负值，导致结果成为负数，不但对他们自己及其企业是重大失败，而且对整个社会形成了严重的冲击。

如果一个人在其生活道路上，没有学得正确的人生“哲学”，那么他原有的“性格”就原封不动地成为他的“人格”。由这样的“人格”掌控他“才华”和“努力”的方向，是很危险的，很可能出现才华和努力越强，负值也越大的情况。

当然，任何人先天的“性格”都有不足之处。因此我们必须学习和掌握高尚的人生“哲学”，用信仰积累生命的厚重，从而提升自己的“人格”。

心性转变是修行的原点

有位秀才第三次进京赶考，住在一个经常住的客店里。考试前两天，他做了三个梦：第一个梦是梦到自己在墙上种白菜；第二个梦是下雨天，他戴了斗笠还打伞；第三个梦是梦到跟心爱的表妹脱光了衣服躺在一起，但是背靠着背。

这三个梦似乎有些深意，秀才第二天就赶紧去找算命先生解梦。算命先生一听，连拍大腿说："你还是回家吧。你想想，高墙上种菜不是白费劲吗？戴斗笠打雨伞不是多此一举吗？跟表妹都脱光躺在一张床上了，却背靠背，不是没戏吗？"

秀才一听，心灰意冷，回客店收拾包袱准备回家。店老板非常奇怪，问："不是明天才考试吗，今天你怎么就回乡了？"秀才如此这般说了一番，店老板乐了："哟，我也会解梦的。我倒觉得，你这次一定要留下来。你想想，墙上种菜不是'高中'吗？戴斗笠打伞不是说明你这次有备无患吗？跟你表妹脱光了背靠背躺在床上，不是说明你翻身的时候就要到了吗？"

秀才一听，觉得更有道理，于是精神振奋地参加考试，居然中了个探花。

这个故事告诉我们：心性左右我们的行为，决定我们的生活，影响我们的未来。

人的心性一半是"天使"，一半是"魔鬼"。天使的一半是爱心、欢乐、理想、无私、诚实、谦逊、正直、廉洁；魔鬼的一半是邪恶、冷酷、自私、奸诈、嫉妒、狂傲、自卑、贪婪、残暴。"天使"和"魔鬼"常常会打架，它们会向你"告状"，会向你"撒娇"，会向你"拍马屁"，会干扰你的心智，你如何处理他们的关系就是心性转变的选择。

所谓心性转变就是让你内心的"天使"越来越多，"魔鬼"越来越少。

有句成语叫"成也萧何，败也萧何"，说的就是人的心性会带来注定的结果，这是一种必然性。比如鸡蛋能孵出小鸡，石头无论如何也不可能能孵出小鸡，就是这个道理。

有个寓言，讲一群乌鸦看到老鹰飞过天空，很是羡慕。有一只乌鸦就提议大家向老鹰学习，去享受那高空飞翔的美好乐趣。其他的乌鸦纷纷表示同意。

乌鸦们开始练习向高处飞，为了达成“像老鹰飞得那么高”的目标，它们制定了严格的计划，分步执行，还有详细的执行步骤。最早提议的那只乌鸦还义务担任监督者，三次不能完成分计划的乌鸦，将被踢出这个“飞得更高”项目。

一开始比较顺利，大多数乌鸦都轻松地比平时飞高了几十米，最差的也能比平时飞高近十米，但慢慢地，能取得进展的乌鸦越来越少。乌鸦们不甘心，又制定了相应的奖惩，重奖有进步的乌鸦，对于不思进取停步不前的乌鸦直接发配为大家打杂。

激励之下，激情澎湃的乌鸦精英们鼓足勇气，努力向天上冲去，但很快力竭，纷纷折回。最早提议的那只乌鸦很不屑地说：“看我的。”

它用一种大无畏的精神向曾经看到老鹰飞过的那个高度冲去，其他乌鸦在下面还没来得及议论，便看到天空一个黑点极速坠落，正掉在它们面前。最勇敢的乌鸦力竭而逝。

从此，再没有乌鸦提议要像老鹰飞得那么高了。

乌鸦再怎么锻炼，也不可能像老鹰那样飞翔，而老鹰就算是在鸡窝里养大，也天生拥有飞翔的能力。所以了解自己很重要，在了解自己的基础上，选择正确的方向很重要，至少比盲目的努力重要。

有位修行多年却无所得的云游和尚，去请教高僧指点迷津。高僧听他说完自己的困惑，招手叫来自己的三个弟子，对他说：“江对面的五里山上盛产白木，是很好的炭材，你和我这三个弟子一起去打柴吧。越多越好，日落前回来。”

云游和尚知道这是高僧在点醒他，认认真真地去了。

日落前，打柴的人陆续回来了。先回来的是云游和尚。他气喘吁吁，满头大汗，但只扛了两捆柴；接着回来的是大弟子和二弟子，大弟子用扁担左右各担四捆柴，二弟子在后面跟着，两个人看上去都很轻松。

最后回来的是三弟子，用木筏渡江，载过来八捆柴。

云游和尚很沮丧地说："大师，其实我是打了六捆柴的。可往回赶时，走到半路就走不动了，只好陆续把柴丢掉。但是我真的已经尽力了。"

大弟子说："师父，这位师兄砍柴真的很努力，速度也很快。我和二师弟加一起也只砍了四担柴火。不过我们把他路上丢下的柴都捡回来了。俩个人换着挑，也不累。"

三弟子说："我个子矮，力气又小，别说两捆，就是一捆，这么远的路也挑不回来，所以，我选择走水路……"

高僧语重心长地对大家说："一个人的能力是做事情的基础，但好的做事方法可以弥补能力的不足，而正确的选择可以让你的能力最大限度地发挥出来。你们平时做功课也是这样的，能开悟到什么程度，跟努力修行有关，但更重要的是心性。所以说，明心见性啊！"

四个人都若有所悟。

人的一生就像走路，一个人要走自己的路，本身没有错，关键是怎样走；走自己的路，让别人说，也没有错，关键是走的路是否正确。比如现在不少人一进入工作环境，想到的不是如何勾心斗角踩着别人往上爬，就是怎样钻公司制度的空子打马虎眼，这些人往往都挺聪明，各方面能力也不错，但是他们选择了错误的方式，所以不仅浪费自己的能力，还可能会引起不可预测的后果。

为了防止员工迟到早退，大多数公司都设有打卡机。由于传统的纸质打卡机可以请人代打，所以又出现了指纹打卡机。而相应的，市面上就出现了制作指纹以骗过打卡机的工具，从用最简单的工具如蜡烛、橡皮、胶带等进行 DIY 制作的方法，到几十数百元的硅胶指纹膜，不一而足。

其实稍有常识和远见的人都应该明白，把自己的指纹交给同事是很不安全的事。因为指纹和 DNA 信息类似，具有专一性。随着科技的进步，人们在生活各方面用到指纹识别的领域会越来越多。

指纹泄漏就等于提供了别人可以偷开你的指纹锁、防盗门、保险箱或者伪造新版身份证的便利条件。试想，只是为了一点迟到早退的小利益，却把自己的财产和个人信息安全置于危险境地，不正是聪明反被聪明误吗?

唐代的赵州禅师曾说：“正人行邪法，邪法亦归正；邪人行正法，正法亦归邪。”行走世间，人有时候的确需要一些手段和心机，但更不可忽略正直、诚信这些美好的品质。如果人把达成目的的手段当成目的本身，就说明心性有待提升。这样的人哪怕天天参禅打坐，也不是修行。所以说，心性的改变才是修行的原点。

修行，从爱上工作出发

修行即：修正内心，改变行为。你的一举一动，一言一行，都是修行的过程。所以，禅宗会把饮食起居等日常生活看做修行。

唐代时，有位僧人不远千里，来到河北赵州观音院参学禅法。早饭后，他来到赵州禅师身前，向他请教，“何为禅？”

禅师问：“用粥否？”

僧人答："用过了。"

禅师说："那就洗钵去吧！"

在赵州禅师的话语之中，这位僧人有所省悟。

钵是盛粥的容器。赵州禅师的"洗钵去"，指的是修行必须不离日常生活，该吃粥时去吃粥，吃完了粥就应洗钵。禅的精神，就在这些日常的喝茶吃饭中。

对于现代人来说，就算有宗教信仰，也不可能人人都是佛子教徒。但只要我们有修行之愿，践行之心，人间处处都能得证真果。不妨就从每日的生活、工作做起。

工作就是修行，通过工作，我们可以提高人性，修炼灵魂。拉丁语中有句谚语："与其完成工作，莫如完善做工者的人格。"也就是说，人格会从每天的工作中孕育出来，心性会在每天的劳动中得到锻炼。

因此，只要能做到热爱本职工作，一心扑在工作上，这就算修行的起点。

日本江户时期的著名思想家二宫尊德，出身于一个破落的农家，12 岁时就不得不代重病的父亲出工参加繁重的工作。14 岁时，二宫的父亲病故，他就白天上山砍柴，晚上编织草鞋，以卖钱补贴家用。

不过，不管多么辛苦、单调的活计，他都尽心尽力地工作着。慢慢地，二宫有了自己的土地，并在村中做出了惊人的业绩。再后来，他进入幕府做了幕臣，一生对日本的农业复兴做出了很大的贡献。死后，他被视为日本之神，供进各地的神社。

据说，二宫得到德川幕府的重视后，在宫中与诸侯平起平坐。尽管此前他并未学习任何礼仪，但是举止言谈自带威严，连神色也极尽富贵之态。

后人认为，正是二宫尊德坚持劳作的"田间的精进"，已经潜移默化，扎根于内心，这种日常工作中的修行，陶冶了他的人格、砥砺了他的精神，使他的人品也达到了更高境界。

像二宫尊德这样专心致志于一事、努力工作的人，通过日常的精进，精神自然得到磨炼，进而形成厚德载物的人格。工作这种行为的尊贵之处就在于此。

因此，对一般人来说，工作场所就是修炼精神的最佳场所。“精进”并不需要脱离世俗的社会，工作本身就是一种修行。人只要发自内心喜欢自己的工作，并全心投入其中，每天确实努力工作，不要一边工作一边埋怨、发牢骚，或是指桑骂槐发泄不满意，就是敬业，就是修行。

现在有个词很热门，叫做“养生”，养生跟修行有一定相同之处。不少人为了养生，练瑜伽，吃素食，喝禅茶，听讲经……当然这些都是养生的做法，其实更简单的养生，跟修行一样，在于我们的日常工作生活中。

有人问稻盛和夫：“您是如何养生的？80多岁的高龄还这样红光满面，思路清晰，行动敏捷。”

稻盛先生回答：“我从来不关心养生，工作就是我的养生！”

工作就是养生，这不是理论逻辑，纯然是生命深处的震颤，是本性的流露。

这样一种生命状态，也是稻盛哲学引发人们共鸣共振最重要的部分。这种直指人心的体验，不仅开启世人的智慧，更重要的是开启人内在修心、修行的源头活水。我国一位专业研究养生的中医专家曾就职场解压问题告诫过职场人：“好好工作，别总想挣大钱，这就是养生窍门。”

我们都知道，一个人的能力是一点一点积累起来的。但很少有人真正认同这个道理：年轻的时候不投机取巧，脚踏实地地工作，就是一种修行。这种修行带来的功德，水到渠成之时，财富将不请自来。

而现在人们工作的激情越来越少，总抱怨工资少、压力大，总想投机取巧，以小搏大。于是，每一件事情都要掂量，“过忧”、“过思”是必然的。这样的结果就是不断失望、绝望。长久下去，反而会越干越吃力，压力也会越来越大，身体自然越来越差。

相传乾隆游江南的时候，站在高山上眺望湖光山色，看到江上来来往往的船只，便问身边的人：“这些船都是干什么的啊？”

身边的大臣答道：“江上只有两条船。一条叫名，一条叫利。”

乾隆哈哈一笑道：“说得好。其实还有一条船，叫权。”

利、名、权三者，就是让现在多数人充满浮躁、难以静心的根本原因，也是工作总是难以臻至精致的原因。而有一种人，他们不会被名声、权势、财富等人造的幻相所欺瞒，三者有了，他们坦然待之；没有，他们依然故我，并不认为有或者没有这些对自己的生活有什么不同。这才是真正的智者。

把工作看做修行，就是知道工作不仅仅是为了赚取生活费用，也不是为了追求名利，或是希望得到他人的赞叹、嘉奖。工作就是工作，工作本身就是自我生命的责任及权利，也正是生命的意义、价值所在。只要活着一天，就要工作一天。

我认为，公司的机器设备、产品、办公用品等都是有生命的，如果你对它好，它就会很开心，很快乐，如果你对它不好，它也会很伤心，会难过。

所以，修行，养生，就从爱上工作开始。唤醒爱的能力，把爱注入到你的工作中。不管有没有升迁机会，不管薪水有没有增加，为了自己的身心健康，以及为了更大的福缘，我们都应该在自己的内心播

带着爱去工作!

种爱，尽心工作，为社会奉献一己之力。

爱不是索取、贪婪和利己；爱是分享、舍得和信仰!

只要能以这种心态来从事工作，不论什么工作一定可以全心投入做得很好，也能为自己带来平静、安详之心。

精进，把每一个当下做到极致

一位台湾导师在讲座中曾经讲过这样一件事：

“日本战败的时候，我母亲还是个小姑娘。当时姥爷带着她去接收被日本人占领的院子。母亲告诉我，一走进院子，他们就惊呆了。”

由于被遣返的日本人每个人只允许带非常少的随身行李，所以那家人的家当几乎全都留在了这里。我母亲说，她看到的是一个干净整洁到无法想象的院落。门窗、家具、地板全都一尘不染，玄关上的拖鞋整整齐齐地摆放着，扫帚、拖把等物品在院子墙上整齐地悬挂着。

走进屋里，所有的东西都干净、整齐地放在该放的地方，最令他们感到吃惊的是，柜子里叠得方方正正的被子还有刚刚晒过的阳光的味道。

‘这是个可怕的民族。’自始至终，我母亲只听姥爷说了这样一句话。”

我们每天都在做事，可以说，生活就是一件接一件的事情像串珠子一样串成了一根线，而影响我们人生进程的，就是这条由每个事情串成的线。这些事情看上去有大有小，但是对我们的生活一样重要。微不足道的小事，也许就是举足轻重的关键，这也是命运的诱人之处。

工匠不是投机家。投机家可以反复计算利益，然后得出最符合自己利益的那种做法，工匠做的只是自己。遵循本心做事，遵循本性做人，是为工匠。

可能有“聪明人”会说：“反正以后再也不会来到这个地方了，我才不收拾呢。为了报复，我还会把院子搞得一塌糊涂，让你们收拾去。反正我没得住也不让你们好过。”对，这样的人很精明，也绝不吃亏，他也许能做个投机者，但做不了工匠。

工匠，是那种把每个当下都做到极致的人。虽然，在聪明人看来，他们也许真的有点“傻”。

著名学者、翻译家杨绛在困难时期曾被分配打扫文学所的厕所。面对两间污秽的厕所，她置备了几件有用的工具，如小铲子、小刀子之类，又用竹筷和布条做了一个小拖把。原来的清洁工小刘成了杨绛的领导，她告诉杨绛，去污粉、盐酸、墩布等都可向她领取。于是杨绛就将去污粉、肥皂、毛巾和大小两个盆放在厕所里，作为工作用具。

不出十天，杨绛把两个斑驳陆离的瓷坑、一个垢污重重的洗手瓷盆和厕所的门窗墙壁都擦洗得焕然一新。瓷坑和瓷盆原是上好的白瓷制成，铲刮掉多年的积污，虽有破缺，仍然雪白锃亮。她还在厕所瓷坑边上给自己找了块高处，干完工作了，就坐在上面看书。

三年后，翻译家潘家洵的太太对杨绛说："人家说你收拾的厕所真干净，连水箱的拉链上都没一点灰尘。"杨绛则幽默地说："我遇到了一个非常好的领导。她尊重自己的下属，好像觉得手下有我，大可自豪。她一眼看出我的工作远胜于她，却丝毫没有忌妒之心，对我非常欣赏。我每次向她索取工作的用具，她一点没有架子，马上就拿给我。"

作为一个著名学者、名牌大学教授，杨绛在打扫厕所时的认真程度，跟她翻译《唐吉诃德》时并没有本质的区别。我们大部份人应该都没有杨绛那么出众的才华，但也没有遭受到她那么大的折磨。所以，即使我们还没弄清适合自己的工作，起码，我们可以比较愉快地接受自己当前的工作，把这个工作先做得"光可鉴人"。

如何才能把每个当下都做到极致？

1. 必须注重细节。现代建筑大师密斯·凡德罗有句格言："神韵存在于细节中。"事物的本质其实是细节决定的，而人的精进，也必须先从细节做起。

"细节决定成败"是每个人都无法反驳的道理，但是为什么在工作中，我们总是疏忽细节？其实不是做不到，而是不注重。所谓细节，往往都是那些我们觉得差不多、无所谓的地方。而到最后，往往问题都是产生在这些地方。

所以，注重细节要先反省在工作中被忽略的地方。当哪天头脑中突然冒出"这么干差不多好了"的想法时，就要提高警惕，这可能是决定你成败的细节所在！

2. 必须重视品质。世界上所有长寿的公司，无不靠品质赢得客户的忠诚。我在从事工作的 10 余年中，也深刻体会到品质的重要性。我把品质视为生命！如果每个人把工作当做自己所生产的“产品”，请问一下你自己：你的产品合格吗？

品质是什么？品质就是顾客满意、符合标准、零缺陷。

个人品质管理是创造价值的内在驱动力。个人品质管理 = 做人的品质 + 做事的品质。

个人品质包含五颗心：善心、用心、细心、给予心、责任心。

一个人，拥有善心才能善待机器设备、产品、岗位，才能注入感情，才能不违背职业道德，才能不欺诈，才能做出暖人心的产品；

一个人，拥有用心，才能想办法、不断精进，才能不断提升产品品质；

一个人，拥有细心，才能减少错误，精益求精；

一个人，拥有给予心，才能为他人着想，不计较个人得失，才能创造更大价值；

一个人，拥有责任心，才能对品质负责，勇于担当。

提升个人品质的三大法门：

（1）树立品质意识，改变对待品质的价值观；

（2）把视品质如生命作为指导理念；

（3）规范言行举止、标准操作的行为。

品质是工匠精神的核心思想。每位致力于赢得别人尊重的员工，都必须把品质视为生命，用品质衡量自己的工作成果。

3. 持续、专注地工作。无论什么工作，只有天天持续努力才会进步。即使是最简单的工作，在持续的过程中也会有所收益。这就是把当下做到极致的基本做法。

人活在当下，难免纠结于昨天，又难免为了明天奔忙。但是人生只有一次，每一分每一秒都是错过不会重来的唯一，所以，活在当下，就是对得起此刻的每分每秒。这就是工匠的修行态度。

开启心门，力行正道

何为正道？不同的理论有不同的表述，按照佛学的理论，一切问题的根源都是心，正道则是一种心灵的修炼。修心，简单地说，包括以下 8 个基本方面。

1. 心安： 俗话说“相由心生”，又说“心若调适，道可得矣”，讲的就是心对人的重要性。一个人如果连内心都不能安适，那么他会迷惘、混乱，就很容易误入岐途。而一个内心安适的人则俯仰无愧，会活得踏实、安详，宠辱不惊。只有这样的人，才能真正获得心灵的力量。

不论是工作、生活，我们修行的目的都是为了一种幸福的感觉，而心安，就是感到幸福的基础。

2. 心慈： 俗话说，诸恶莫作，诸善奉行。一个人作恶时，他的心智就有了污垢；而一个人行善时，他的内心就清静。所以行善要日日行、时时行，不断去行，哪怕是举手投足也要存有一分善念。

难道要我们每天出去施舍或者做好人好事吗？不是的。所谓善恶的区分很简单，当为则为就是善，不当为而为则是恶。比如你知道撒谎是不对的，但是为了自己的利益或者别的什么借口，你还是撒谎了，这就是作恶。

知道一件事是错的还去做，就是恶行；反之，知道一件事该做而去做了，就是行善。所以孝敬父母是善，认真工作是善，平和待人是善……善的种子就在我们每个人的工作生活中。

3. 心正：俗话说，一念天堂，一念地狱。《六祖坛经》说："前念迷是凡夫，后念觉是圣人。"圣人与凡夫也就是一念之转。一个人保持心念纯正，做到公正无私、光明磊落，人格才会日臻完善、完美，这样才能获得更多的爱和幸福。

4. 心明：愚痴的人以自己为中心，希望环境跟着自己转，所以总是失望痛苦；智慧的人懂得适应环境，努力了解自己并修正自己，所以总是满足幸福。

在威斯敏斯特教堂旁边，矗立着一块墓碑，上面刻着一段非常著名的话：

> "当我年轻的时候，我梦想改变这个世界；
> 当我成熟以后，我发现我不能够改变这个世界，
> 我将目光缩短了些，决定只改变我的国家；
> 当我进入暮年以后，我发现我不能够改变我们的国家，
> 我的最后愿望仅仅是改变一下我的家庭，
> 但是，这也不可能。
> 当我现在躺在床上，行将就木时，
> 我突然意识到：如果一开始我仅仅去改变我自己，
> 然后，我可能改变我的家庭；
> 在家人的帮助和鼓励下，
> 我可能为国家做一些事情；
> 然后，谁知道呢？我甚至可能改变这个世界。"

当老了的时候才知道改变自己，确实有点晚了。所以佛说，不知常、不明道理，也是一种罪过。心明，就是要人们认识自己，懂得生

命的意义，从降服自身而改变他人。

5. 心定：不论多么伟大的事业，都需要坚定的心力，需要将全部生命、理智和热情投注到一个目标上，不被外力所困扰，也不被诱惑所影响。佛祖在菩提树下悟道前，就曾经经历过魔女的考验，靠得就是定力。对我们现代人来说，即使不学佛，要想在浮躁的生活中坚持自己的信念，也需要修炼定力。否则，再好的能力、再难得的机会，都可能会成为过眼云烟。

6. 心诚：在这个世界上，真诚是一缕阳光，照亮每个人的心灵。在工作和生活中，以诚待人，不存欺诈之心，则威信自立。一个言行如一、有良好信用的人，才能求得他人的支持，立足于世。心诚，近则能获取他人的信任与拥戴，远也可从而成就大业。

7. 心宽：佛家常讲“欢喜充满”，这个“欢喜”就是能量、精力充沛的现象。一个人要成就事业，必须有健康的身体和充沛的精力。所谓“身体是革命的本钱”，就是这个道理。但是要获得充满的能量，并不一定要天天去健身房或者吃各种补品，正所谓人体本身就有大药，平和、宽广的心胸，就是健康的基本之道，也是养生的不二法门。

在三国中，周瑜和诸葛亮的能力相差无几，所以后人称实力相当的两个人，常说“一时瑜亮”。但周瑜什么都好，就是心胸有点狭窄，终于留下一句“既生瑜何生亮”的千古怨言，吐血而终。

根据后人分析，其实以当时蜀国和吴国的局势，周瑜和诸葛亮应该是合作双赢的关系，诸葛亮能力过人，吴国也得利。只是因为心不宽，周瑜不仅让自己死于非命，还落下千古笑柄，真是不值。

佛说，常生欢喜心，即是良药。与人相处之道，在于容忍。一个人如果不宽恕，不原谅，最终是苦了自己。憎恨、嫉妒，其实归根到底是自己的一种损失。一个心宽的人，就算不能获得世俗意义上的成功和财富，至少也会健康长寿，会活得自信和超然，从而达到精神的成熟和心灵的丰盈。

8. 心谦：几乎所有的宗教都提醒人要有谦卑之心。因为人生无止境，事业无止境，知识无止境。谦虚的人更容易获得成功、赢得别人尊重，而骄傲的人即使能够获得短暂的成果，也容易在骄傲里毁灭自己。

佛陀说："人的生命，只在一个呼吸间。"人生短促，我们应该善待自己，愉快生活。我们不能改变生活，但是可以改变自己的内心；我们无需参禅打坐，只要把每天的工作当作一种修行，用安、慈、正、明、定、诚、宽、谦的心去面对每一天、每一分、每一秒，让心灵获得解脱，让人格得到升华。

这也是工匠和打工者最根本的区别。工匠平静、安适、充实、愉悦、幸福，活在当下，强在内心；打工者焦躁、忧郁、惶恐，获得再多的财富也没有安全感，永远为看不清的明天奔忙，外表强悍内心空虚。两者相比，高下立现。

璞玉需要精心打磨才能晶莹光亮，生命也需要锤炼才能饱满厚重。从现在开始，全身心地投入对工作的热爱中，让工作的点滴成为修行的动力，为美好人生尽自己最大的努力。当有一天，你真正地将自己打磨成一块熠熠生光的金子时，任何人都掩不住你灿烂夺目的光辉！

案例链接：稻盛和夫——六项精进的修行之道

2008 年 7 月，虽然正当炎夏，但全球经济危机让整个世界都感觉到一股浓浓的寒意。在日本国力横浜国际会场上，一位面色红润、眉目慈祥的老人在闭会前，对大家面临的经济形势说了一番话。他的声音不大，但话语振聋发聩。

他说：“除了拼命工作之外，不存在更高明的通向成功之路。”

他说：“全神贯注于自己的工作，只要做到这一点，就可以磨炼自己的灵魂，铸就美好的心灵。”

他说：“为他人、为社会竭尽全力，这是使人生、也是使经营朝着更好方向转变的唯一的方法。”

……

他就是被称为“经营之圣”的稻盛和夫，两大世界500强企业京瓷和KDDI的创始人，他不仅是一位企业家，更是一个修行者。在为社会创造极大物质财富的同时，他的思想为社会提供了宝贵的经营哲学，其中最为人称道的就是他的“六项精进”。

稻盛和夫在年轻时就提出了“六项精进”：一、付出不亚于任何人的努力；二、要谦虚，不要骄傲；三、要每天反省；四、活着，就要感谢；五、积善行、思利他；六、忘却感性的烦恼。

在他看来，“六项精进”是搞好企业经营所必须的最基本条件，同时也是度过美好人生必须遵守的最基本条件。如果人们能够日复一日地持续实践这“六项精进”，人生必将更加美好，美好的程度甚至超乎我们自己的想象。稻盛先生说：“我自己的人生就是如此。”

因努力工作而改变的人生道路

稻盛和夫的六项精进，并不是凭空产生的，而是他自己在实际经营中的切身体会。经过那些亲身体验，他意识到人生必须这样度过。比如，他的“六项精进”中首先强调的“付出不亚于任何人的努力”，就是他从失业到有一份不喜欢的工作并让这份工作成为自己的事业的亲身经历中得来。

年轻的稻盛和夫大学毕业时，正是日本经济形势大变之际。当时就业形势非常严峻，摆在稻盛和夫面前的路，跟今天一些大学毕业生面临的境遇很像：毕业即失业。

稻盛和夫是学石化专业的，他首选的当然是专业对口的石化企业，但是，多方应聘都没有下文，找人托关系也不见效果，走投无路的稻盛甚至想到参加黑社会。

在走投无路时，稻盛的教授提供了他一个信息："我有一个朋友在京都的一家生产绝缘子的公司，那里可能还有些希望。你如果愿意去的话，我可以从中帮些忙。"稻盛和夫非常感激老师能施予援手。

这家公司就是松风工业公司，稻盛和夫被安排从事弱电用陶瓷的开发研究。刚参加工作的稻盛满腔热情。然而，当他到了宿舍后，热情就像被从头浇了一盆冷水般烟消云散。那间连榻榻米都没有的破房子，暗示着松风工业公司不景气的现状。稻盛和夫就这样感受到了生活和工作的艰辛。

但毕竟是一份工作，稻盛和夫抱着既来之则安之的心情先留了下来。和他一起来报道的还有其他四个大学生，大家对公司的前途是一样地不看好。果然，没多久，他们就发现公司的问题很多：管理制度形同虚设、公司内部矛盾激烈、劳资纠纷不断，而且拖欠工资的情况时有发生。

所有的景象还只是表面的，这家公司已经走到了濒临倒闭的边缘。因此，与稻盛和夫一同进公司的几个人相继都离开了。

稻盛和夫也打算离开此地，他决定报考自卫队干部候补生学校，并且也通过了考试。但是他的哥哥得知这件事，却拒绝从老家给他寄报名必须的户口本复印件。哥哥的理由很简单："家里节衣缩食把你送进大学，多亏老师介绍才进了京都的公司，你却不到半年就辞职！真是一个忘恩负义的家伙。”在无奈中，稻盛和夫只好继续留在了公司。

人在没有选择的境地下，往往更容易开启灵智。稻盛和夫的人生转折点就此开启。他开始让抱怨的脑子停下来，换个思路想点别的。这个时候，稻盛和夫发现了这份工作的意义：在经济萧条时期，找到一份工作本属不易，而这份工作还是通过恩师介绍才得到的。自己却没有为公司、为恩师做出什么贡献，反而整天浪费时间和精力抱怨。

人只要改变想法，事情就会跟着想法改变。当稻盛和夫从好的方面思考这份工作时，他就很自然地进入了一种良性的循环，他打消了辞职的念头，也不再发牢骚，而是把心思认认真真地用在了本职工作上。

在那段时间里，稻盛和夫放弃了休息日，夜以继日地工作。他有了“工作太有意思了，太有趣了，简直不知如何形容才好”的感觉。这时候，工作对稻盛和夫来说已经不仅仅是维持生活的一种劳动，而是一种乐趣、一种享受。

这是稻盛和夫人生的重要转折点。之后，稻盛和夫不再把工作简单得看成是获得生活食粮的来源，而把劳动看做是自我实现、完善人格的“精进”道场。后来，稻盛和夫经常说：“要让神愿意伸手援助，你就必须刻苦钻研，全身心投入工作。这样的话，不管面临多么困难的局面，神一定会帮助你，事情一定能成功。”

可以说，稻盛和夫哲学的代表思想“六项精进”，正是从这个时候开始萌芽的。这种有深度的、正确的劳动观和人生观，使稻盛和夫创造出他人生中一系列不可思议的奇迹。

持续一生不改变的精进态度

年轻的稻盛和夫端正了工作态度之后，他过人的潜力也发挥了出来，他不断创造新的成果，也不断受到奖励。一年后，他成功研制了一种叫做镁橄榄石的新材料，这在日本尚属首例，在世界上也只有美国的通用电气成功合成过。

这批镁橄榄石原料为松风公司带来了大量订单，下订单的是鼎鼎大名的松下公司，巨量的资金涌入，让摇摇欲坠的松风公司得以起死回生。稻盛和夫再次尝到了工作的成就感。

慢慢地，稻盛和夫在业内成了小有名气的红人，不少人都知道松风公司有个很能干的员工，将一个濒临死亡的公司救了回来。渐渐地，也有人开始向稻盛和夫发出邀请，希望他能到自己的企业来任职。

巴基斯坦的一家低压绝缘子制造公司就非常热切。他们给出的条件也极其优惠，公司老板还特意专程拜访稻盛和夫。但是稻盛几番斟酌后，还是留在了松风，因为他的信念并不是把技术卖给其他国家。

结合后来稻盛和夫一生的经历和稻盛哲学的发展，可以说，稻盛的经商生涯就是一段坚持信念的征程。

资不抵债、风雨飘摇时，稻盛和夫用废寝忘食的努力挽救了松风；高薪和出国的诱惑也没能促使稻盛和夫离开松风，但上司对他的蔑视，终于逼稻盛离开了松风。1958 年 12 月 13 日，稻盛和夫正式辞职离开松风工业公司。

1959 年 4 月 1 日，27 岁的稻盛和夫成立了京都陶瓷公司。这个曾经的陶瓷研究员终于开始了他的经营之旅。而此时，稻盛和夫连经营的“经”字都不识。

刚刚开始创业的稻盛和夫心里只有一个念头：不能让公司倒闭，不能让支持自己、出钱帮自己成立公司的人遭殃。为此，他拼命地工作，常常从清晨干到深夜 12 点，甚至 1 点、2 点，日以继夜，努力再努力。

多年之后，已经功成名就的稻盛和夫回思过往，依然认为正是以往的这种勤奋才有“京瓷”后来的辉煌。因此他强调：除了拼命工作之外，世界上不存在更高明的经营诀窍。

稻盛和夫还曾从本田宗一郎的一句话中学到了成功的捷径。稻盛和夫是个爱思考和学习的人，也常常向前辈们取经。比如松下幸之助的水库理论就曾经大大启发了他。但他去见本田宗一郎，却是看似一个很不划算的经历。

见本田宗一郎并不容易，稻盛和夫为此花费了巨额资金。结果那天，本田先生并没有做演讲的打算，他只是简单地说了一句“好好工作就行了”。这简直是糊弄人！但是稻盛和夫却听“懂”了：与其四处借鉴，不如回去好好做好自己的工作。

从那以后，稻盛和夫越发努力地工作了。

稻盛和夫一生把工作当做人生最重要的事。他像一个修道者一样，在工作的过程中磨炼自己的灵魂，让自己在工作中造就纯粹而优秀的人格。他说：“竭尽全力、拼命工作就能磨炼人的灵魂。”

洗练灵魂指引人生的睿智哲学

稻盛和夫从幼年时就受佛教影响，所以他一生都有一种修炼的心态。他非常谦虚，并不认为自己有多么过人的才能。他说：“才能只是上苍偶然授予我，上苍要求将它回报世人、回报社会。如果我将它视作私人资产而独享其惠，就违背了上苍的意志，早晚会受到惩罚。我应该将自己的才能贡献给员工、股东、客户以及社会。”

他善于自省和反思，并且把反省作为每天的功课。自己一天的言行中，如果有值得反省之处，哪怕只有一点点，也要改正。因为稻盛和夫相信，通过抑制自我的反省，可以磨炼自己的灵魂，磨炼自己的心志，而提高心性就能扩展经营。也就是说，不磨炼自己的灵魂，就无法搞好经营。

稻盛和夫说："我们应该用平常心来看待事情，即使这么做看起来是对我们个人有所不利。如果发现自己错了，就该承认错误。只有用无私的眼光来看待事情，问题才会豁然开朗，并出现简单的解决方式。但是，若我们首先抛不开自大的天性，双眼就会被欲望的云层所蒙蔽，一味地追求快乐与奢华，真理还是难明。"

事实证明，只要努力工作，且注意总结和反思，定然会获得莫大成功。

稻盛和夫强调感恩和利他，时时劝诫人们要多行善，多作对他人有益的事。所以，当京瓷成为一个发展中小有规模的企业时，他本能地将公司的经营理念，从狭隘的让技术发扬光大，改变为"追求全体员工幸福、为人类和社会的进步与发展作出贡献"，并把这些作为自己毕生追求的目标。可以说，这种改变跟他的人生观息息相关。

稻盛和夫说："京瓷不是显耀稻盛个人技术的场所，更不是经营者一个人发财致富的地方，而是要对员工及其家属现在和将来的生活负责。京瓷应该成为全体员工共同追求幸福的场所。"

也正是这种改变，才让稻盛哲学真正成熟起来。稻盛和夫终于不仅是一个成功的企业家，而更是一个修行者，一个洗练人心的智者。

六项精进的最后一项是："不要有感性的烦恼"。可以看做是稻盛智慧最直指人心的一条。因为人一生总会有烦恼，担忧、失败都是常事，但是烦恼带来的首先是身体的毛病，最终将是人生的不幸。所以，要对过去的事进行深刻的反省，但不要因此在感性的层面上伤害自己。

与此同时，反过来要激励自己，让遭遇重创、身心交瘁的自己重新站立起来，没有必要一蹶不振，老是跟自己过不去。对每个人来说，不让感性的烦恼困扰自己，朝前看、坚强地活下去，这才是最重要的。

点评：

稻盛和夫不仅是商业界的瑰宝，更是哲学界的奇迹。他的难能可贵之处在于他的平凡，以及在平凡中体现出的伟大。他和我们每个人的起点都差不多，也面临过失业，也思考过放弃，当他用自己的坚毅和智慧扭转局势后，他开始了哲学的起点。

可贵的是，稻盛和夫没有迷失于眼前的小成功，他不断反省，不断精进，一生保持工作的热情和激情。他的追求也随着事业的扩张而宽广，他终于从一个只为找份工作养活自己的大学毕业生，蜕变为造福世人的修行者。

这是每个伟大的工匠都该达到的境界。

ARTISAN SPIRIT

第三章

工匠之道——正念引领生命新航道

作为人，何为正确？这是每个人必须回答的生命哲学问题。所有的成功都需要一个过程，工匠也不例外。很多人不快乐的根源在于贪念太多，做得却很少，形成了“得舍”的念头，而非“舍得”的正向力，反困顿于自己的抱怨中，无法自拔。工匠之道就是把理想变成价值的思维法则，成败均在一念间，从改变念头开始，驶向生命新航道！

请填写以下体检表，看看五大“正念”你拥有多少。

工匠精神的五大正念：

正念一：做事先做人

正念二：第一次把事情做对

正念三：因果思维

正念四：精进思维

正念五：利他思维

先做人，后做事

一天早晨，一个牧师的小儿子约翰哭着嚷着要去迪斯尼乐园。为了转移儿子的注意力，牧师将一幅彩色缤纷的世界地图，撕成许多小碎片，对儿子说：“小约翰，你如果能把这张世界地图拼起来，我就带你去迪斯尼乐园。”

牧师心想，等约翰拼完，一天也就快过去了。

想不到，十分钟后，小约翰便拼好了。牧师吃惊地看到每一片碎纸片都吻合地排列在一起，整张世界地图又恢复了原状。他问道："孩子，你怎么拼得这么快？"

小约翰回答："很简单呀！地图的另一面是一个人的照片。我先把这个人的照片拼到一块，然后把它翻过来。人对了，世界就对了。"

这个故事告诉我们，做事先做人！岁月悠悠，人的一生千头万绪中最重要的，一是做人，二是做事。人生一辈子，要实实在在地做成几件事情并不容易，而要堂堂正正地做好一个人就更难。一个人如果做事先做人，做人先立德，掌握了做人的原则和做事的艺术，善于把"会做人"和"能做事"有机地统一起来，就能够成就人生，发展事业。

我们常常听到有些人说他要做什么什么，几年之内，他一定要做到怎样怎样，但是稍有不如意，就怨天尤人，甚至总希望不劳而获。要是不幸目标没有达成，他们就到处找客观原因，却忘了，一个人要想成事，真正的力量在自己身上。

杰克·韦尔奇曾经说过，一个人，重要的不是你的专业技能，不是你的社会经验，而是你的思维方式。你是出类拔萃，还是碌碌无为，归根到底，来源于你做人的思维方式。

有这样一个小故事，很能说明思维方式的重要性。

一头驴，掉到一个废弃的井里。主人权衡一下，认为救它上来不划算，走了。驴被孤零零地留在井里，又累又饿，不时还有人往里倒垃圾。

驴很生气：自己真倒霉，掉到了井里，被主人抛弃，每天还要和那么多垃圾一起等死。

可是有一天，它的思维发生了转变。它努力把垃圾踩到自己的脚下，而不是被垃圾所淹没，并从垃圾中找些残羹来维持自己的体能。终于有一天，它重新回到了地面上。

其实人与人之间本身并无太大的区别，真正的区别在于思维方式：要么你去驾驭生命，要么让生命驾驭你。你的思维方式决定了在生活和工作中，谁是坐骑，谁是骑师。这个道理，浓缩成一句话，就是“先做人，再做事”。

做人的成败与做事成败密切相关。美国哈佛大学著名行为学家皮鲁克斯曾有一句名言：“做人是做事的开始，做事是做人的结果。把握不住这两点的人，永远都是边缘人！”的确，只有精通做人的道理，经受做人的历练，才能胸怀大智、心装大事，才能通过健全的心智、充沛的精力、正确的行动，求得事业的成功。

所以，要想改变我们的人生，第一步就是要改变我们的思维方式。在生活中，有三种常见的思维方式，是阻碍我们成就人生价值的大敌。它们是：交差思维、差不多思维和走捷径思维。

1. 交差思维：领导交代我的，我都做了！草草交差完事，从不关心做事的品质与成果

在一个建筑公司，老工程师找到总经理，说他已经到退休时间，请总经理批准。总经理想了想，问他能否帮助公司再建一座房子再走，老工程师回答说：可以。

但是，在接下来的工作中，老工程师的心思已不在工程上，所以无论是选料还是监督，他都是无所谓的态度。

房子建好了，总经理郑重地指着房子对老工程师说：“这是你的房子。”老工程师惊得目瞪口呆。总经理接着说：“这是公司送给你的礼物。”

老工程师非常懊悔：“当初要是早知道建自己住的房子，我就不会这样粗心了。”

很明显，这个老工程师是典型的因为交差思维而吃了大亏的人。他不明白，工作不是为公司做事，更不是为上司做事，工作中的每一分努力，都是为自己付出。这个道理很多人都知道，也都会说，但真正到了工作的时候，往往还是会不自觉地出现“交差”的情况。上面的小故事，只不过是将这个道理放大而产生的对比结果。

2. 差不多思维：在工作中认为差不多即可，没有精品意识和精益求精的精神

胡适先生曾经写过一篇《差不多先生传》，可以看作差不多思维者的典型形象。

差不多先生是这样的：他有一双眼睛，但看得不很清楚；有两只耳朵，但听得不很分明；有鼻子和嘴，但他对于气味和口味都不很讲究。他的脑子也不小，但他的记性却不太好，他的思想也不很细密。

他常说：“凡事只要差不多，就好了。何必太精明呢？”

他在一个钱铺里做伙计，只是做事总不仔细，“十”字常常写成“千”字，“千”字常常写成“十”字。掌柜的生气了，常常骂他。他却说：“千字比十字只多一小撇，不是差不多吗？”

差不多先生就这样“差不多”地活着，直到他快要死的时候，还断断续续地说道：“活人同死人也差……差……差不多，凡事只要……差……差……不多……就……好了，何……何……必……太……太认真呢？”说完了这句话，方才咽了气。

胡适创作这篇传记题材的寓言，为的是讽刺当时中国社会那些处世不认真的人。然而在当今社会大大小小的企业里，日常工作中“差不多精神”随处可见。公司规定9点钟上班，总有人9:05到，还打趣说：“就晚5分钟嘛，不是差不多吗？”下午6点钟下班，结果5:58就开始收拾东西走人，心里嘀咕：“就两分钟嘛，也差不多啦。”

如果我们总是怀着应付差事的心理，以差不多的精神做事，每天工作欠缺一点，天长日久就成为了落后的顽症。

3. 走捷径思维：中国人骨子里的“小聪明”在作怪

大部分的中国人活在“知”的世界里而非“觉”的世界里。就是不知道也要装知道，因为不知道是没有面子的，是可耻的。因此我们很少有问“问题”的习惯。我们上学时学习就是等着老师给答案，很少人会积极问问题。我们从小就失去了好奇心。“觉”需要时间，需要思考，需要否定自己的“知”，但会让我们缺少自我的成就感。长此以往，我们获取知识的方式、工作的方式大都喜欢“走捷径”。

“捷径”意味着“最近的路”，最近的路往往也意味着“最短的路”。捷径可以走，问题是很可能没走多远就已走到了尽头。这时，我们会发现从“知”到“觉”是成长的开始。

有一个中国留学生在日本洗盘子的事例，非常能够说明“走捷径”的危害。日本的餐饮业规定，餐馆的盘子必须洗七遍。而这位留学生发现，其实盘子洗五遍看起来就已经很干净了。所以为了多赚工钱，他每个盘子都少洗两遍。

一开始他的确多赚了工钱，还受到老板器重。但是当老板抽查盘子清洗情况时，这位留学生的小花招就被发现了。老板对他说：“你是一个不诚实的人，请你离开。”

他并不当回事，又到该社区的另一家餐馆应聘洗盘子，但是老板打量了他半天后说："你就是那位只洗五遍盘子的中国留学生吧？对不起，我们不需要。"第二家、第三家……他屡屡碰壁。这时，他才明白一时走捷径给自己带来什么样的严重后果。所以他告诫准备到日本留学的学生："在日本洗盘子，一定要洗七遍！"

所谓捷径，就是比通常的路更近、更省力。但是为什么别人不去走呢？显然如果某条路没人走，通常不是因为人们不知道，而是根本就走不通。而大多数人之所以有走捷径的思维，归根到底，来源于一种侥幸心理。

俗话说，饭要一口一口地吃，事要一件一件地做。人的确可以通过偶尔取巧获得短暂的成就，但人生不可能永远有捷径可走。正如上面事例中的留学生，用投机取巧的方式，好像达到了更好的效果，但时间会证明这样做是多么的不明智。无数事实表明，用心急躁，急功近利的人是成不了什么大事的。越是在浮躁的社会中，踏实、本分、诚信这些品德就越可贵。

慢慢来，就是快。不走捷径就是最快的捷径

时下，在谈到工作时，不少人都会说，先在这里对付干着，过一段再说，将来想自己干。有这种想法的人不在少数。可是，如果平时养成了对工作无所谓、应付交差的态度，当机会来敲门时，如碰巧被委以重任时，你也很难有大的改变，也许机会就随之流失。所以说，做人的成败与做事成败密切相关。

做人与做事密不可分。做人是做事的根本：一个人只有精通做人的道理，经受做人的历练，做事才不会误入歧途，才能为做事赢得良好的人际支持。做事是做人的基础：一个人生活资料的获得，能力和价值的体现等，都需要通过做事来实现，不做事，做人就没有内涵。做人与做事，共同构成了每个人的人生。

有的人，即使有那么一点点才能与本领，但因为不会做人，结果“立身一败，万事瓦裂”，现实就是如此的公平与公正。成功者之所以成功，在于其做人的成功；失败者之所以失败，在于其做人的失败。

通过自身实践以及研究那些成功的人士，我得出了这样一个正确的做人公式：

人生的成功 = 价值观 × 人品 × 能力

其中，价值观是“发动机”，人品是“方向盘”，能力是“燃料”。

请记住，“做人是做事的开始，做事是做人的结果”。天下万事之难，最难的是做人，不会做人的人，是不可能在人生中有所作为的。俗话说得好，“种瓜得瓜，种豆得豆”，一个人是什么样的人，就会做什么样的事。

先专注，后专业

有一位青年，很小的时候就立志要出人头地，做出一番大事业。

但他在换了许多工作后，梦想中的成功依然遥遥无期。走投无路之下，他向禅师寻求开解。

禅师问他：“你为什么要这么频繁地换工作呢？”

他说：“我不喜欢重复。”

禅师淡淡一笑道：“佛祖一生都在重复讲他在菩提树下的觉悟。”

禅师传达给他的是一个关于专注的真理：人这一生，如果用 1% 的力气选择，99% 的力气用心重复，每一次都能感受到新鲜的力量；如果用 99% 的力气选择，1% 的力气重复，他只能不断地重复失败。

其实，对寺院稍有了解的人都知道，在传统的修行进程中，新剃度的沙弥不是修习佛法，而是会被领到菜园里，学习全神贯注地割草、浇水和耕种。这样做的目的是为了让他们懂得：专注于一件事，就是开悟的玄机。

相传，佛祖在菩提树下刚刚得悟大道之后，向身边一直供养他的农人首先传授的就是专注之道。那时，他还保留着他的本名悉达多，菩提树也还被叫做毕波罗树。

悉达多拿起农人带来的橘子说：“我们可以把橘子吃得专注或不专注。专注的人会用心感受这个过程，所以吃每一片橘子的时候，都察觉着它是如何的难得和美好。而不专注的人虽然在吃橘子，却没有去感受着橘子的香和甜，也就欣赏不到它可贵和美好的性质。”

接着，佛祖告诉人们，专注吃橘子就是要吃它时真正与橘子接触和沟通。因为专注的人活在当下，他的心只是全神贯注投入这一刻。

一个专注的人，小则可以做到在生活中多收获，少犯错；大则能看到宇宙间的奥妙和万事万物的相互关系。这就是很多成功学导师一直在强调的：简单的事情重复做，你就是专家；重复的事情用心做，你就是赢家。

如果要成为某行某业的专业人士，没有专注的精神是不可能实现的。曾两次获得美国普利策奖的著名作家卡尔·桑德堡，就认为自己的成就仅仅源于格外专注。

当年，为了写作《林肯传》，桑德堡住在密执安湖边，每天早上都会定时在湖边散步和沉思。他的几位邻居想开个玩笑，便让一位演员扮演已故的林肯总统朝桑德堡正面走去，想看看这位研究林肯的作家，在见到“真人”的时候，会有什么反应。

邻居们看着两人慢慢走近，又交错而过。只见桑德堡抬了抬头，又低头前行。

等演员回来，邻居们问他桑德堡见到他的反应。演员说，桑德堡什么反应也没有，只是看了看他，微微鞠了下躬，说了句“早上好，总统先生”。

桑德堡的这个故事，说明专注对于工作的重要性。对当代人来说，在工作中无法长期专注是一个人成功的大敌。

不少人都有过这样的经历：刚进入一个行业、获得一份新工作的时候，干劲十足，信心百倍，做什么都很认真，也很专注。随着时间的流逝，新鲜感减退，也就慢慢地开始漫不经心。于是，有野心的人频繁跳槽，胸无大志的可能就从此混日子。专注，在就业选择越来越多的今天，显得更为难得。

不过“专注”二字，说起来容易，做起来就不是那么简单。先不要说现在大多数人从事的工作都不是自己的兴趣所在，就算是从事自己感兴趣的工作，也会有无法专注的时候。无数艺术家、学者、技术师在发展的路上，几乎都经历过痛苦的瓶颈期，会产生厌恶专业甚至抛弃的念头。

所以，为了成为一个合格的工匠、真正的专家，不妨试试看以下这些自我修炼的方法。

方法一：保持对工作的兴趣

很多人应该都有这样的感觉：如果做一件自己喜欢的事，时间就会过得很快，身心也非常舒畅；反之，则痛苦不堪。

虽然任何人都想从事自己喜欢的工作，但是一个人并不一定能够碰上自己喜欢的工作。即使你学了喜欢的专业，毕业后进到自己所期望的公司，也不能保证可以分配到自己中意的职位。所以，多数人都只能从做自己不喜欢的工作开始。

如果对不喜欢的工作抱一种勉强接受的态度，总是觉得这是自己不得不干的事，不能从心理上认真对待工作，这样下去，本来潜力无限、前程似锦的人生只会被白白耗费。

所以，与其不断寻找自己喜欢的工作，不如学会保持对工作的兴趣。把每一个任务都看作是一次难得的机会，把工作的成果看作是自己的作品，彻底抛弃“工作是别人要我做的”这种意识，不仅能把自己从工作的“苦难”中解脱出来，也能让自己获得更大的提升。

方法二：学会自我激励

兴趣是最好的老师，激情是最大的动力。虽然现在很多企业在管理中，都有对员工进行激励的内容，但是一切外力的帮助，都不如发自内心的动力。

有个女孩叫杰西卡。每天早上，身穿睡衣的杰西卡就站在浴室洗手台上对着镜子又唱又跳，并且进行一连串的自我激励喊话：

“我整个家都很棒，我不管什么都能做好，我喜欢我的学校，我喜欢所有东西，我喜欢我爸爸，我喜欢表姐表妹，我喜欢阿姨，我喜欢我的大象玩具，我喜欢妈妈，我喜欢妹妹……我喜欢我的头发，我喜欢我的发型。”她接着说：“我喜欢我的睡衣，我喜欢我的房间，我喜欢我整个家。”

“我整个家都很棒，我不管什么都能做好。”这是杰西卡自我激励的中心思想。杰西卡的母亲偶尔发现了女儿每天早上的“功课”，就录制下来放到网上。

视频中的杰西卡充满活力，脸上洋溢着幸福感和快乐的神情。不少网友留言说，看了视频后，深受她的热力与积极精神感染。

如果你觉得对工作真的提不起兴趣，也无法专注，不妨试试看每天在固定的时间给自己一个激励的信号，比如：重复填写一遍“我爱这份工作的 20 个理由”。

方法三：练习静坐和冥想

很多人总觉得静坐和冥想是和尚或者修道人的专利，其实不然。很多成功人士都有静坐或冥想的习惯，比如乔布斯就在庙宇里冥想以获取创意和灵感。而对一般人来说，静坐和冥想是让自己习惯于专注一件事的最好方法。

曾经有一位被工作和生活困扰的人向高僧求助。高僧只说：“坐下，闭上眼睛，什么都不要想，只关注你的呼吸。”这就是最简单的冥想法。从专业的角度看，冥想是试图直接刺激和调动潜意识的一种方法。冥想者强制自己停止一切有意识的思维和行为活动，进入一种不需要任何强制和理性控制的状态，这恰恰也是专注的状态。

时下，高度紧张的生活环境和纷繁复杂需要处理的事情，都影响人们的专注力。所以，如果适当地练习静坐和冥想，将给人远比眼前能看到的更大的收获。

如果你想成为一个散发着魅力的工匠，那就从现在开始，放下抱怨的心情，把精力都集中到面前的本职工作中，聚精会神，全力以赴。这个时候，你会发现，专业，其实并不那么高不可攀。

先增值，后回报

有这样一个寓言故事：在寒冷的夜里，火炉熄灭了。一人抱着柴火，对着火炉叫道：“你什么时候给我温暖，我什么时候才会给你添加柴火。”

这个人的想法当然很可笑：你不先给火炉添加柴火，火炉又怎么给你温暖？不过，现在我们身边不少人，跟这个抱着柴火却不肯给火炉添柴的人差不多。

“拿多少钱，干多少活”，这是不少人在工作中的习惯思维。他们的哲学是，老板给多少钱我就干多少活，这样才不吃亏。如果碰到质疑的声音，他们还会振振有词：“市场经济就是要讲究等价交换。”

“给多少工资干多少活”真的就不吃亏吗？恐怕未必。因为即使真的把工资看作付出劳动的价格，也要明白一个道理：价格是别人给的，但价值却是自己创造的。价格和价值不会全然相等，这同样是市场经济的重要规则。如果只是根据别人给出的价格去创造价值，那就不可能让劳动产生增值，同样也难以获得更高的价格。

换句话说，“给多少工资干多少活”的人，失去的是自己在工作中发挥才干、挖掘潜能的机会，放弃的是迅速成长、持续加薪的希望。

有个日本的MBA毕业生，刚进公司干活的时候，认为自己能力很强，结果老板分配给他的是办公室的杂活，每天倒水、擦桌子、整理文件。这个学生委委屈屈地干了两个月，老板却根本没理过他。终于他打算辞职了。

辞职前，他到原来的老师家里聊天。这位老师是国内有名的职业培训师，听了他的打算，笑着说："我知道你的能力，现在你先不要急着辞职，回去再干三个月。在这三个月里，你主动一点，把文件做得更漂亮一点，把办公室收拾得更干净一点，再想着帮办公室的其他人多做点事，平时在各方面都关心一下大家。记住，不要去抱怨你的工资，微笑着工作。如果三个月后，老板还是没有看到你的努力，那么你再辞职！现在你什么都没有做好，就想让老板欣赏你，怎么可能？"

他听从老师的吩咐，果然认认真真干了三个月。在这三个月里，他特别主动积极，把所有事都打理得井井有条。一旦有时间，他就主动帮别的同事做点杂事，还积极向老员工请教各种工作技巧。

三个月后，老板把他升为办公室主任。10年后，他成为了这个公司的总裁。

其实一个员工能否创造价值，创造的价值有多少，老板心中是有数的。不要动不动就想让老板给你加薪，而应在工作中让老板看到你的价值，主动给你加薪。

财富是每一个人都希望拥有的，但一个人只有明白了财富必须通过自己的努力获得这个真理，才能真正拥有财富。不然，即使你幸运地生在一个富有的家庭，也可能面临捉襟见肘的困境，因为好运气不会伴随人的一生。能够帮助你一辈子获得并保有财富的东西，只能是你个人的能力。

这种能力有天赋的成分，但更多的是来自于后天的修炼。工作就是我们修炼自身能力的一个绝好的机会。如果你只是想着拿多少工资干多少活，那么从近处说，高薪已经跟你无缘了；从长远看，恐怕你的人生也难以有大的发展。

国内一个著名教育机构的CEO曾说，在他的企业中，他最尊敬的人之一是一个打扫厕所的员工。因为他所打扫的四个厕所总是比别人打扫的干净，不论什么时候进去，都看不到一点儿脏东西。所以，在打扫厕所的几个人中，他的工资是最高的。

其实，不论你是不是老板，只要把自己放到老板的地位上，就能理解工资和价值之间的关系。试想，你会付丰厚的薪水给一个不能创造价值或者很少创造价值的员工吗？如果你脑筋没有问题，肯定不会。因为薪水是员工创造的价值以金钱方式表现的回报，就像火炉能产生温暖，是由于有木柴。火炉，只是一个载体。

如果把企业比作火炉，那么员工的劳动能力就如同木柴，而获得的回报就如同燃烧后的热量。木柴需要放在火炉里才能燃烧得更好，就像员工需要企业作为展现能力的平台。那些只想少付出劳动多获得回报的人，其愚蠢程度跟故事中抱着木柴不肯放进火炉中的人相差无几。

那么，如何在工作中做到先增值呢？可以从以下三个方面来考虑。

1. 把领导当老师

工作是你自己的事，不是领导的事。工作的目的不是向领导交差，而是提升你自己的能力。领导只是你学习和求助的对象。

不难发现，很多人都有“为领导工作”的心态，这种心态会让人失去学习的热情和力量。只有知道工作是为自己做的，而领导是一个帮自己更好地完成工作的人，我们才能做到在工作岗位上增值、成长。

2. 把岗位当舞台

把自己的全部能量用到本职工作中去，珍惜每一个当下。要做就要做到最好，一个人的工作只有做到别人无法替代的程度，才能算是工作成功。工作岗位就是你的舞台，每个人都应该成为自己人生最优秀的演员；

3. 把任务当作品

在工作中，做到尽心、尽力、尽职、尽责，发挥自己最大的能量。工匠精神强调要把工作品质看作生命，把每一次的任务都当做生命中的作品。要相信自己，随着能力的提高，机会总会来到你身边；随着能力的积累，属于你的回报，包括物质的和精神的，一点都不会少。

先沉淀，后成才

90 年代末，一位老作家在讲写作课的时候，曾经给他的弟子们讲过这样一件真实的事情。

两个女孩是好朋友，都热爱文学，同是某大学中文系的学生，正面临分配。其中一个女孩的父亲是个小领导，活动了下，把女儿安排到一个不错的杂志当编辑。另外一个女孩则根据学校规划，分配到当地的普通学校当教师。

其实那个去杂志社的女孩，不论文学功底还是天赋，都远远不如她的朋友。

因此，那个分配到普通学校的女孩非常不满。因为以她的实力，进那个杂志社绰绰有余，只是由于家庭背景不如自己的朋友，就落到这样的地步。为此，她连朋友也怪上了，两人渐渐地断了交往。

而那个有幸进了杂志社的女孩，因为知道自己实力不如别人，格外刻苦地学习。在完成本职工作的情况下，她一直没有放弃文学创作。由于她身处文化圈，接触的都是名编辑大文豪，慢慢地，在环境的熏陶和自身的努力下，她成为一个称职的编辑和小有名气的作家。

那位女友呢，因为对分配的不满，自己放弃了文学的天赋和能力，却也不能安心于教育事业，日渐碌碌无为。十年后，同学会上，这对朋友又见面了，这时，她们发现彼此的文学素养、境界，都已经相差不止一个层次。

那位老作家用这个实例告诉弟子们：成才有天赋的因素，但更重要的在于自身。机会的确重要，但不能靠机遇过日子。试想，如果那个进了杂志社的女孩，不是自己刻苦学习、努力修炼，她最终也只能是个庸庸碌碌的小编辑。她的父亲再有办法，也只能为她提供一个平台。但人如何在平台上成为一个有用的人，成为一个不可缺少的人，是要靠自己的努力的。

而那个本来天赋和能力都远胜于她的朋友，只是因为一次分配的不如意，就放弃了学习和追求，等于就是放弃了自己，最后放弃的是宝贵的人生。

我一直在强调，人不可能都幸运地做自己喜欢的工作，但一个有成功气质的人会在任何工作中找到成才的机会。很多时候，人们之所以懒散、逃避、得过且过，是因为手头的工作看上去并不能带来人生的希望和意义，以及证明自己想要的价值。却忘了自己需要的，只是一个安静的心情、沉淀的工作态度。

何为沉淀？从工作表现来看，就是一种不论何时何地，都认认真真做好本职工作的表现。这种表现不能立刻让你成才，但可以保证你会先拥有一份美好的工作，并且拥有快乐的心情。没有哪个老板会开除一个兢兢业业工作而且完成得很好的人。

试想，如果你去饭店打工，你服务的几个桌子都干干净净，每个顾客都很满意，老板能不给你加薪吗？或者你去一个公司做文秘，要是你每天的电话记录都整整齐齐，资料井然有序，老板的出行计划安

人生需要扎根，生命需要沉淀，修行需要韧性

排得当，老板能不给你更高的工资吗？

其实这些都是最简单的劳动能力，都不需要多么专业的技术，但由于懒惰是人的天性，所以，要想在工作中沉淀，最终成为行业不可或缺的人才，需要每个人的自我努力。

不可否认，这是个浮躁的社会，所以沉淀的心态也就更为难能可贵。有志于成才者，可以从以下三个方面，修炼自身。

首先，要有自信的心态。这不仅仅是对自己的信任，更是对工作本身的信任。在了解业务的前提下，相信这样的工作只要做得好，就能有发展。要真正把工作的过程当作是人生经验的积累。

其次，要有重视的心态，最重要的就是重视自己。哪怕你现在做的是一份社会上最不起眼的工作，也要用一名成功人士的标准来要求自己。也许你现在只是一名普通员工，但要时刻想到将来如果取得更大成就时，应该拥有什么样的素质，并不断用这样的标准要求自己。这样的心态，会有助于你在浮躁的环境中沉淀下来，真正为成为人才做好准备。

最后，也是最重要的，是求知的心态。越大的成功就需要越多的知识，这种知识并不仅仅是熟悉公司的业务、做好每天必须做的事情，还要主动了解更多。书到用时方恨少，有时候，一些看起来最不起眼的常识，其实就是你进阶的契机。

请记住，求知并不是强迫自己去学什么，那是急功近利的表现，跟工匠精神大相径庭。一个懂得沉淀的求知者，看待学习的态度是：不论以后是否从事这个行业，都要在工作过程中学会对自己有利的东西。

或许有人会说，现在生活节奏这么快，信息爆炸、头脑风暴，拍马赶都赶不上，还说什么沉淀？再说环境也不允许啊，老板巴不得我一下子把活干完、账算清、提案交上去啊！没错，老板要结果。但是你自己呢？一个真正想成才的人，不会只关心如何用一个眼前的结果去换取直接的利益，他会考虑过程带来的收益。

所以，要想成才，先懂得为自己沉淀！沉淀才能成长，沉淀才能成才。

先有为，后有位

我经常听到一些年轻人抱怨公司和领导不重视自己的才华，没有给他提供能展示自己能力的舞台。这个舞台，他们默认为心中希望得到的职位。这种情况在一些自负的人身上表现得更为明显。他们往往因此觉得这个世界错了，在长叹“世无伯乐”的日子里，荒废自己的时光。

其实，这是因为他们没有弄明白“有为”和“有位”之间的关系。

也许你真的很有才能，但是你也只有创造出有所作为的成果，才能证明自己的价值。比如在学校里学会读书写字，学习数理化、文史经济等知识，它本身不会创造什么，却是帮助人进行创造的基础。天赋、才华、能力、经验这些因素，不外乎如是。

何谓有为？有为就是有所建树、有所作为，一般是用来形容一个人通过自己的努力，发挥才能，实现自我价值，从而有所作为。它包含着能力、才干、责任、品德、修养等多方面的内容。

有位则是指一个人在社会中所拥有的地位，这里的“位”通常指职位、岗位、地位等。

先有为后有位，是一种双赢原则的体现，即：你有了作为，为组织做出了贡献，组织就给你更好的位置，让你施展你的才能。

相反的情况是：如果你没有什么作为，而这个位置却给了你，那就是对这个位置的浪费，同时，也会导致真正适合这个位置的人才被压抑、没有机会。

任何企业都是以赢利为目标的，要想得到符合自身才能的职位，就必须先在本职岗位上有所作为，至少要创造出比别人更优秀的成绩，用成果证明自己的能力和价值，才能得到领导的认可。成功者的成绩、地位不是凭空喊出来的，也不是上天的恩赐，而是靠脚踏实地干出来的。

有位老总在闲聊时曾讲过这样一件事：某日，有一个中年人来公司应聘业务员。凭经验，他感觉此人资历很深，不过没有完全反映在应聘简历上。老总虽然很欣赏他的实力，但觉得“小庙容不了大和尚”，就对他说：“依据公司规定，目前给出的薪水，最多只有你原来公司的三分之一，恐怕你不能接受吧。”

他沉吟了一下，便同意公司给出的条件。

上班之后，他兢兢业业地工作，并没有因为微薄的薪水消极怠工。不久他的实力便显现出来，工作业绩远远超出了老总原来的预期。于是，老总给他大幅度加薪，并将他破格提升为主管。

在年终聚会上，他说出了自己的经历：在原来的公司，他已经是业务部的经理，而且工作开展得很顺利。可是没想到公司的一次海外投资失败，老板远逃国外，他也受了牵累，只好另找门路。

在求职过程中，他本来是寻找和原来差不多的中层管理职位，但是同等资历的人竞争非常激烈，而且大多数公司更倾向于提拔原来组织中的熟人，而不是聘用外人“空降”管理。所以多方求职，屡屡碰壁。

痛定思痛后，他选择从业务员重新做起。他相信凭自己的能力，会得到合理的回报。而事实证明，他选择了正确的道路。

著名学者易中天曾经说过：怀才就像怀孕，时间长了人们就能看出来。这句话对那些抱着怀才不遇心态的人是一种警醒——不要总想着自己拥有了什么，更重要的是要多想想自己创造了什么。

当然，这样看起来似乎遇到一个悖论：没有位，怎么为？就像毛遂自荐的典故传达的信息那样：平原君说，有才能的人处在世上，就好比锥子处在囊中，它的尖梢立即就要显现出来。而毛遂反驳道：“那是因为你没有让我处在袋子里，不然，我早就脱颖而出了。”

这个典故为许多自诩为“千里马”的人找到借口：我现在没有成就，只是因为我的能力还没有被发现。我需要的不是努力工作，而是等待伯乐。只要有人慧眼识英发现我、赏识我，那么我要的都能实现。

这样想固然不能说不对，但是忽略了一点：毛遂生活在战国时代，士人必须依附封建地主、诸侯才能获得需要的“位”。而现代社会的竞争原则提供了无数的选择和机会，完全可以像上面实例中那位经理一样，先在某个职位干出成绩，再继续发展，持续发展。

联想集团总裁杨元庆，就是从一名销售员起步的，当时他是计算机专业的研究生。在别人看来，这个职位实在委屈了这位高材生。但是他只是任劳任怨地搞好销售工作。两年后，他被提拔为联想集团CAD部门的总经理。

杨元庆上任后，该部门的营业额每年以超过100%的速度增长。1994年，他继续被委以重任，担任联想集体公司微机事业部总经理。

在担任总经理的七年里，杨元庆为联想集团多次创下丰功伟绩。2001年，他被提升为联想集团公司总裁，坐上了集团的第一把交椅。

从最初底层的销售员到联想集团的总裁，杨元庆并不是一步登天的。每一次的提升，都因为他在前一个职位上的优异表现。所以说，不断取得卓有成效的业绩，是一个人不断取得更理想职位的基础。任人唯贤、能者居上的社会用人趋势中，只要你真的“有为”，早晚会“有位”的。

从有为到有位，重要的是保持一颗平常心，不论你以前从事过什么职业，或者家庭背景与出身如何，都要意识到：每天都是从零开始的积累与收获。这样，你就很容易改变人性中固有的惰性和坏习惯，最终成为一个真正“有为”又“有位”的人。

案例链接：经典缔造——解读爱马仕的百年传奇

它本只是巴黎街中的一家专门为马车制作各种配套精致装饰的马具店，却成了拥有14个系列产品的世界奢侈品牌。

它坚持手工和精致，历时170多年不变，至今仍诠释着传统美和精准。

它就是爱马仕，一个历经六代传承，用经典和高品质征服全世界的家族性奢侈品牌。

起源马具的世界奢侈品牌

爱马仕的传奇，始于 1837 年。那时的巴黎，马车是主要的交通工具。蒂埃利·爱马仕是一个马匹的热爱者，了解马和马具的他看出制造马具的价值：用上等的皮革为贵族们装饰他们的宝马会是一笔好生意。

就这样，蒂埃利在巴黎一条繁华的街道上开了一家以他姓名命名的小店铺，第一笔生意是为马匹制造颈圈。为了能让马匹配戴最贴颈的颈圈，爱马仕耗费了大量的时间和心血，一丝不苟。坚韧的牛皮护翼、光泽典雅的猪皮鞍座、柔软的小牛皮鞍板，都用天然的阿拉伯树胶包边，防水防潮，辅以爱马仕著名的马鞍缝线——蜂蜡亚麻线，全手工完成，坚固而细致。

这就是爱马仕被称为如飞鸟般灵巧精致的马具，他力求令骑士与骏马合而为一，将追风的快感和驾驭的舒适融为一体。

伴随着上流骑士们的赞誉，爱马仕皮革传奇的帷幕就此缓缓拉开。因为他的马具店无论在店面装饰还是服务上都更胜其他马具店一筹，所以开张之后，很快享誉巴黎，门庭若市。后来，爱马仕在 1867 年的世界皮革展览中获得一等荣誉奖章。

蒂埃利爱马成痴，一生只为马制造皮具，爱马仕店铺的继承人也以此为祖训，除了马具之外，拒绝其他的皮具制作。

爱马仕的转折点发生在 1920 年。那年，蒂埃利·爱马仕的继承人埃米尔·查尔斯·爱马仕接待了一位贵客——威尔士的王子，他要求爱马仕为自己制作皮质衣服。

埃米尔信守爱马仕只为马制作皮具的原则。他借口称：爱马仕的匠人只会制作马具。送走王子后，店里的一位老匠人不服气地告诉埃米尔：在蒂埃利晚年，曾经心血来潮地制作过一只皮包。据说那只皮包的工艺和样式，是世界第一的！

埃米尔感到好奇，他仔细搜检了蒂埃利的遗物，最后在他爱马的马厩里找到了那只皮包，里边有一封信。那封信记载了这只皮包的故事：

这个皮包做好后，蒂埃利的妻子卡洛尔为它的精美而倾倒。她要求蒂埃利为自己也制作一个，却被丈夫拒绝了。这成了她一生的遗憾！

痴心于马的蒂埃利在卡洛尔去世后，才后悔自己亏欠卡洛尔太多。但此时他想满足亡妻的愿望，却为时已晚，因此，他留下了自己的忏悔之词。

埃米尔被祖辈的故事打动了，他发誓要弥补祖父的遗憾。之后，埃米尔将爱马仕工场更改为爱马仕皮具公司。

一年多后，爱马仕首款皮包制作成功。

这款皮包，爱马仕只制作了四个，埃米尔没有让它上市。他把其中一个作为爱马仕公司制作皮具的标杆，如果今后爱马仕的产品无法达到这个标准，那么它唯一的归宿就是被销毁。另外两个，他赠送给了自己的母亲和妻子。

最后一个，永远地放在了卡洛尔的墓地，以弥补蒂埃利的遗憾。

在皮革里缝制时间

时间的真正含义是什么？也许每个人都有自己不同的领悟，无论如何，时间一直都被认为是无法改变、更无法停止的。但对于爱马仕来说，时间是位好友。它能赋予皮革光泽，使它更富有故事和历史；时间更是一种真实的资产，能激发人们无限的想象力。

皮革对于爱马仕而言，不只是最先使用的一种材质，更是品牌的本源，是激发其无限创造力的灵感源泉。

170 余年来，六代爱马仕人在皮革上倾注了满腔的心血和梦想、忠贞和热诚，对皮革世界做最深入的探寻，用专业的手工艺让优质皮革焕发出诗意的光彩，矢志不渝地坚持这个手工艺世家对“完美”的执著。

爱马仕对皮革原料的要求非常苛刻。用来制作爱马仕皮具的原料上不能有任何瑕疵，除了有专门的养殖场外，爱马仕有专门的采购人员，在各大拍卖会上收购上等皮革。

制作前，皮革工厂的工匠首先会对皮革进行筛选分类，然后再选择皮革最好的部分进行切割，才用于皮具的制作。所以，最终到人们手中的皮具，使用的皮革原料绝对是百里挑一的。有人说正是从爱马仕开始，人们欣赏皮革独特的香味、光泽以及手感。

在制作工艺上，爱马仕通过鞣革、洗烫、精整、修葺和缝制等技艺将原始的皮革升华为生活的艺术。每一件经过 200 多道复杂精细加工工艺的爱马仕皮革制品，以其独特而隽永的馨香、优雅而精妙的设计、坚韧而精准的缝制、柔软而细腻的手感，向每一个接触它的人展示时间的魅力。

坚持手工是爱马仕与众不同的一大特色。爱马仕皮具从鞣皮、选皮、染色、裁剪到缝合，全部以手工完成。定制一个爱马仕著名的凯莉包往往需要等待数年之久。

当其他奢侈品牌都把工厂搬到第三世界来加工生产的时候，爱马仕仍然在法国雇佣手工工人，一针一线地缝制每一个皮包。每一件爱马仕成品都需一名工匠精工细作 18 个小时，然后编上编号，内侧都会标示制作工匠的代码，并且会帮顾客缝刻上个人的英文名字。所以可以说，每一件爱马仕皮具，都是独一无二的。

皮具出售后，不论维修或保养，都将由同一匠师负责。近年的销售统计显示，爱马仕皮袋利润率高达78%。爱马仕如此讲究、严谨的制作过程与后续服务，也是它矜贵的原因。

魅力丝巾的艺术梦想

1937年，爱马仕印制了第一条爱马仕丝巾。从此，手工定制和艺术家设计，成为爱马仕丝巾的标志，奠定了它丝巾王者的地位。

爱马仕的丝巾只有90×90厘米这一种规格。每方爱马仕丝巾的重量固定为75克。自1937年至现在，已有900款不同的爱马仕方形丝巾面世。

爱马仕有个不成文的规定，就是每一年有两个丝巾系列问世，每个系列则有12个不同的设计款式，其中6款是全新的设计，其余6款，则是基于原有设计而作的重新搭配。

有人把爱马仕家族的经营哲学称为“创意的决策”加“古板的执行”。爱马仕丝巾可以说完全体现了这个哲学。所谓“创意的决策”，是指在产品策划初期，由各职能部门发挥各种可供参考的“灵感”，并完成初步的设计和开发。而在确认设计方式后，所有执行人员和操作人员必须要“古板”地将原有的创意一丝不苟地执行，以确保艺术设计完全被执行。

爱马仕丝巾的制作，汇集了无数精美绝伦的工艺，它们全都以里昂区为基地，从设计到制作完成，必须经过严谨的七道工续：主题概念图案定稿→图案刻划、颜色分析及造网→颜色组合→印刷着色→润饰加工→人工收边→品质检查与包装。

当其他奢侈品牌从中国购买低廉的丝织品用以印染它们的丝巾的

时候，爱马仕从巴西的农场购买原材料，在里昂雇佣当地的手工业者编制它们的丝巾。

爱马仕丝巾不是一片片平平滑滑的丝绸，而是有细直纹的丝布，它是把丝线梳好上轴再编织而成，特点是不易起褶皱。有时，为了使丝巾更具特色，会在编织过程中加上暗花图案，如蜂蜜、马等。

调色师会按照设计师的标志，挑选合适的颜料，每种颜色必须用一个特制的钢架，运用丝网印刷原理，把颜色均匀的逐一扫在丝贴上。每一方丝巾需扫上多少种颜料，这要根据设计图的要求而定，一般是12~36 种，最高纪录达到 37 种。

色泽决定以后，然后开始印刷，再裁成 90 厘米见方的丝巾。固定色彩也是一项繁琐的工作，必须经过漂、蒸、晾等程序，色彩才不会脱落。

最后，有工艺部以人手卷缝揣口，折好边后，一方飘逸出众的丝巾才算完成。经过严格的品质鉴定，才会被认可。

就这样，每一条丝巾通过层层关卡，需费时 18 个月才得以诞生。一条爱马仕生产的丝巾，就如同一件值得收藏的艺术品，独一无二而魅力四射。

永续经营的家族企业

今天，如果你去巴黎郊外去看一看爱马仕的皮革工作室，你会发现，在那里有 340 多个手工匠在认真工作——是的，这个景象已经持续了一个世纪之久。

历经了 170 多年的风雨沧桑，几代爱马仕家族人的共同努力使其品牌声名远扬。早在 20 世纪初，爱马仕就已成为法国式奢华消费品的典型代表。如今，爱马仕是奢侈品行业中为数不多的由家族所有、家族经营的奢侈品公司之一，掌管公司的第六代家族成员仍然忠诚于创立者制定的基本价值观：手工、精致、优雅、高尚。

20 世纪 20 年代，创立者蒂埃利·爱马仕之孙埃米尔曾这样评价爱马仕品牌："皮革制品造就运动和优雅之极的传统。"这个标准至今未变。围绕着爱马仕的，永远跟"家族"二字有关。其实，家族本身就是文化、精神、价值观的最基本的载体。如此一来，便容易理解爱马仕是如何传递其价值给消费者的了。

爱马仕拥有 14 个系列产品，包括皮具、箱包、丝巾、男女服装系列、香水、手表等，大多数产品都是手工精心制作的，无怪乎有人称爱马仕的产品为思想深邃、品位高尚、内涵丰富、工艺精湛的艺术品。这些爱马仕精品，通过其散布于世界 30 多个国家和地区的 200 多家专卖店，融进快节奏的现代生活中，让世人重返传统优雅的怀抱。

爱马仕家族对品质的执着，也可从它的徽标上体现出来。

爱马仕的徽标由一匹马、一个人及一辆马车组成。马是爱马仕事业的起源，人则是质量的关注者，马车代表着时髦、华贵。但这辆马车却是空的，它在等着慧眼识货的顾客。

这个传承了六代的手工艺世家，依然一如既往地用对优质材质和精湛手工艺的热爱，在皮革里讲诉着工匠的精神。正如爱马仕全球艺术总监暨爱马仕家族第六代成员之一的 Pierre-Alexis Dumas 先生所说："皮革是爱马仕最先使用的材质，至今，它仍是我们最尊贵的伙伴……在爱马仕，我们对皮革的世界做最深入的探寻。我们绝不会说自己已经完全驾驭了皮革，但是，能够如此全面地学习和了解皮革，着实令我们感到自豪。"

爱马仕之所以奢侈得"居高临下"，不仅仅在于它生产了世界上第一个皮具精品，更在其内涵。100 多年来，爱马仕产品当中融会了历史、艺术、文化、精神以及原创。这种内涵使得爱马仕不仅全力以赴地投身于发展手工艺术的事业，更努力确保爱马仕的手工艺能代表未来的专业水平。

如今，爱马仕集团总部仍座落在巴黎著名的福宝大道，而它的精品则分布于世界30多个国家和地区的数百家专卖店里。这个以马具制造起家的集团，在历经爱马仕杰出而富有创业精神的六代手工匠和百余年辉煌之后，至今仍保持着经典和高品质，并凭借其一贯秉持的传统精神，在奢侈品消费王国里屹立不倒。

点评：

爱马仕品牌的美誉来源于爱马仕品牌所有的产品品质与品位。让所有产品至精至美、无可挑剔是爱马仕一贯的宗旨，注重工艺装饰，细节精巧，爱马仕优良的质量赢得了良好的信誉。

爱马仕对传统的尊重和延续，在每个方面都能体现出来。它奢侈、保守、尊贵，整个品牌从整体到细节，都体现着深厚的文化底蕴。爱马仕以其精湛工艺，在古往今来的时空之间取舍含蓄的和谐之美。爱马仕的手工工匠精神，恰是品牌的灵魂所在。

ARTISAN SPIRIT

第四章

工匠之术——用对方法，创造价值

同样是每天 24 小时，为什么有些人日理万机，有些人却一件事都做不完？工作方法很重要。优秀的工匠必然是调度能手、管理专家。他总是能不紧不慢地安排自己的工作和生活。他好整以暇，他有条不紊，他是在正确的时间用正确的方法做正确的事的人。

生命预演

1. 遇事第一反映：找方法而不是找借口。 是□否□

2. 做事必须：全情投入，品质当先。 是□否□

3. 积极的自我沟通：能量转换。 是□否□

4. 保持竞争力的核心：学习精进。 是□否□

5. 生命价值倍加原理：时间管理。 是□否□

6. 持续成长的驱动器：及时复盘。 是□否□

明确目标，把梦想当做信仰

人的身上有三种力量：身体的力量、技能的力量和精神的力量，而精神的力量决定你最终能做成什么。身体和技能的力量只是帮助你达成梦想的工具，而不是决定因素。古往今来，在历史长河里留下足迹供后人品评者，不论成败，无一不是有梦想并为之奋斗过的人。所以，在工作中，保持激情，把梦想当信仰，是做事成功的最佳方法。

有一对兄弟，他们的家住在80层楼上。有一天他们外出旅行回家，发现大楼停电了！看来没有什么别的选择，于是哥哥对弟弟说："我们就爬楼梯上去！"弟弟说："好！"

于是，他们背着两大包行李开始爬楼梯。爬到20楼的时候，他们都累了。哥哥说："背包太重了。我们先把背包放在这里吧！等来电后坐电梯来拿。"弟弟非常赞同。

就这样，他们把行李放在了20楼，然后继续向上爬。

两兄弟终于到了80楼，兴奋地来到家门口时，却发现他们的钥匙留在了20楼的背包里。

其实这个故事说的就是人的一生：我们假设人生有八十个年头的时间，人生刚刚开始的时候，人人意气风发，我们背负着沉沉的行囊，行囊里装着理想，装着抱负，装着很多很多的愿望，我们不畏艰险，从脚底下的第一个台阶开始，上路了。

二十岁左右，也就是爬到二十层楼的时候，也是人开始走入社会的时候。这个时候，我们开始认同规则了，也感觉到社会的竞争、工作的压力和生活的负担。大多数人觉得托起自己已经足够疲惫，谁还背着那么多的梦想啊！不妨先把它放下来，等到衣食无忧，有了温饱，有了社会地位，回过头来再捡起梦想不迟。

放下以后呢，有这么一段时间我们会感觉轻松，但是走着走着，随着越来越年长，积累越来越多，争斗越来越猛，内心越来越焦虑。最后，一辈子坎坎坷坷地走来，终于走到了八十层。站到这个最后的终点上，突然之间怅然若失，想起来这一生最宝贵的东西，都留在了二十岁时候的行囊里。

但是二十楼，回不去了。

梦想是什么？其实就是你努力的方向和动力，是打开成功之门的钥匙，是使你的人生不平凡的核心力量。

随着《活法》一书的畅销，稻盛和夫的人生信条“心不唤物，物不至”也广为流传。这句话简单的理解，就是我们常说的“心不想，事不成”。也就是说，只有自己内心渴望的事情，才有可能实现。

无数成功人士的经历都表明，人的一生其实就是自己思维的产物。一个人相信的事、认定的道理、强烈的愿望，都会如实地出现在他的人生里。前提条件是你要先那么想，不要害怕那个想法太遥远，不要担心被视作“做白日梦”。人生三大悲哀之一，就是“从没做过白日梦”！

著名的“水库式经营”是20世纪60年代日本经营大亨松下幸之助提出的企业经营思想。其核心思想是企业经营应当像建水库蓄水一样留有余裕，在景气时为萧条期做好储备。当时的松下还没那么著名，所以当他提出这个想法时，遭到的是普遍的打击和怀疑。

那是一个挤着几百名中小企业家的会场，与会者的怀疑原因很简单：“正因为没有余裕，所以大家才每天挥汗如雨、恶战苦斗。如果有余裕，谁愿意如此辛苦呢？”

打击的理由也很充分：“如能实现水库式经营，当然很理想，但现实是做不到。怎样才能做到？如果不教我们具体的方法，说这些有什么用呢？”

面对怀疑和质问，松下的答复很奇怪：“那方法我也不知道。尽管不知道，但必须要建水库，你必须得这么想。”

全场一片哗然。几乎所有人都认为松下先生答非所问，只有一个人例外。

他受到了莫大的冲击，在松下先生的话里，他感受到了一个极为重要的真理——你必须得这么想。

后来，这个真理指导他一生，指引着他成功，他又把这个真理无私地分享给世界。

这个人就是我们都熟知的《活法》一书的作者——稻盛和夫，当时他还是一个刚刚开始创业的小企业主。

造水库可能有很多方法，会因为时间、地点、具体执行的人而变化，但是首先得有“建造水库的想法”。梦想，是一切事情的开始，包括造水库以及其他。

“你必须得这么想”！多少年过去了，松下幸之助的这句话依然振聋发聩。一个人的人生会怎样，来自他内心为自己所描画的蓝图，梦想就是一切的开始，就是种子，是决定性的因素。

当然，梦想不是空想。松下幸之助在提出了“水库式经营”的想法后，就致力于实践自己的经营思想。结果，他经营的电器集团，在坚实的基础上不断发展壮大，面对激烈竞争的国际市场，至今仍立于不败之地！

所以，有了梦想，还要根据梦想，设定目标。目标的设定应该符合以下两个条件：

1. 目标必须跟梦想相契合，也就是说，目标必须远大

人的能力，绝不是一成不变的，所以不妨用将来进行时法，为自己设定目标，具体做法是：从应该到达的未来的某一点倒算评估自己现有的能力，再考虑用何种方法提高自己的能力。

2. 目标必须是可分解的

志当存高远，但路得一步步走。梦想可以仅仅只是一种感觉，但目标必须能够被分解。大目标分解成小目标，小目标分解成更小的工作，这样每天完成一点点，每天进步一点点，用不了多久，成功就会向你招手。

三田本一原本是个名不见经传的马拉松选手，1985 年，他出人意料地在东京国际马拉松邀请赛获得冠军，成为该次比赛最大的黑马。两年后，他又在意大利国际马拉松邀请赛中获得世界冠军。

业内为此对他的生活、起居、训练方法进行了研究，但是没有发现什么特别的地方。他的胜利，让很多人匪夷所思。

10 年后，他在自己的自传中揭秘了这个答案。

他说，每次比赛开始之前，他都会乘车去仔细看一下比赛的线路，并且把比赛线路上醒目的标志画下来。比如第一个标志是一家银行，第二个标志是一棵大树，第三个标志是一个小房子，直到比赛的终点。看似遥遥无期的马拉松比赛，就被他分解为多个小的目标。

比赛开始以后，他会用最快的速度冲向第一个目标，接着用最快的速度冲向下一个目标。就这样，他赢得了整个比赛，而且非常轻松。

这就是分解目标的好处。不过需要注意的是，分解的小目标既要有激励价值，又要现实可行。如果小目标依然很难实现，或者毫不费力就可以达到，那么这样的目标分解就毫无意义了。

找准靶心，培养重点思维

有一位时间管理专家为一群商学院学生讲课。他拿出一个广口瓶，并把一堆拳头大小的石块放进瓶里。当石块高出瓶口后，他问学生们：“瓶子满了吗？”

学生们回答道："满了"。

时间管理专家便又拿出一些小石头倒进瓶中，并敲击玻璃瓶壁使砾石填满下面石块的间隙。"现在瓶子满了吗？"他第二次问道。

"可能还没有。"有些学生应道。

"很好！"专家又拿出一桶沙子，慢慢倒进玻璃瓶。沙子填满了石块和砾石的所有间隙。他又一次问学生："瓶子满了吗？""没满！"学生们大声说。

"是的。"接着他拿过一壶水，倒进玻璃瓶直到水面与瓶口平。

时间管理专家抬头看着表情不一的学生，说："这个例子告诉我们，如果你不是先放大石块，那你就再也不能把它放进瓶子里。"

同样的空间，放置东西的先后顺序不同，结局就大相径庭；同样的时间，工作安排的顺序不同，结果也千差万别。所以，在工作和生活中，培养重点思维很重要。它意味着你是不是能先把"大石块"放进瓶子里。

培养重点思维，可以从以下两个方面着手。

1. 坚持"要事第一"原则

"要事第一"是指我们在平时工作中要善于发现决定工作效率的关键事，在第一时间解决排在第一位的问题。著名的逻辑学家布莱克斯说过："把什么放在第一位，是人们最难懂得的。"永远做最有价值的事，养成要事第一的习惯，这将成为你的业绩不断提升、工资不断上涨的砝码之一。

曾经的美国第二大钢铁公司伯利恒钢铁公司成立之初，只是由联合铁厂和其他几家小公司合并组成的小钢铁厂。据说，当时公司的创始人查尔斯·施瓦布曾向向效率专家艾维·利请教“如何更好地执行计划”。

艾维·利说：“好！我10分钟就可以教你一套至少提高效率50%的最佳方法。”

“把你明天必须要做的最重要的工作记下来，按重要程度编上号码。最重要的排在首位，依次类推。早上一上班，马上从第一项工作做起，一直做到完成为止。然后用同样的方法对待第二项工作、第三项工作……直到你下班为止。即使你花了整天的时间才完成了第一项工作，也没关系。只要它是最重要的工作，就坚持做下去。每一天都要这样做。在你对这种方法的价值深信不疑之后，叫你公司的人也这样做。”

“这套方法你愿意试多久就试多久，然后给我寄张支票，并填上你认为合适的数字。”

施瓦布认为这个思维方式很有用，不久就填了一张25000美元的支票寄给艾维·利。5年后，伯利恒钢铁公司从一个鲜为人知的小钢铁厂一跃成为大型的钢铁生产企业。人们普遍认为，艾维·利提出的方法功不可没。

多年以后，施瓦布还常对朋友说：“我和整个团队坚持只拣最重要的事情去做，我认为这是我的公司多年来的最有价值的一笔投资！”

艾维·利的方法，用一句话概况，就是先做重要的事。因为人的时间和精力是有限的，如果过分在小事上劳心费神，就会荒废了大事。长此以往，就等于荒废了整个人生。

“要事第一”的观念如此重要，但却常常被我们遗忘。我们必须让这个重要的观念成为一种工作习惯，每当一项新工作开始时，都必须首先让自己明白什么是最重要的事，什么是我们应该花最大精力去重点做的事。

然而，分清什么是最重要的并不是一件易事，我们常犯的一个错误是把紧迫的事情当作最重要的事情。而实际上，紧迫只是意味着必须立即处理，但它们往往不是很重要的。比如电话铃响了，尽管你正忙得焦头烂额，也不得不放下手边工作去接听。所以，要坚持“要事第一”，就要学会分清要事的重要性。

2. 分清要事的重要性

重要的事情通常是与目标有密切关联的并且会对你的使命、价值观、优先的目标有帮助的事。这里有 5 个标准可以参照。

（1）完成这些任务可使我更接近自己的主要目标（年度目标、月目标、周目标、日目标）。

（2）完成这些任务有助于我为实现组织、部门、工作小组的整体目标做出最大贡献。

（3）我在完成这一任务的同时也可以解决其他许多问题。

（4）完成这些任务能使我获得短期或长期的最大利益，比如得到公司的认可或赢得公司的股票等。

（5）这些任务一旦完不成，会产生严重的负面作用：生气、责备、干扰等。

根据紧迫性和最重要性，我们可以将每天面对的事情分为四类：重要且紧迫的事；重要不紧迫的事；紧迫但不重要的事；不紧迫也不重要的事。

只有合理高效地解决了重要而且紧迫的事情，你才有可能顺利地进行别的工作。而重要但不紧迫的事情要求我们具有更多的主动性、积极性、自觉性，早早准备，防患于未然。剩下的两类事或许有一点价值，但对目标的完成没有太大的影响。

你在平时的工作中，把大部分时间花在哪类事情上？如果你长期把大量时间花在不重要但紧迫的事情上，可以想像你每天的忙乱程度：一个又一个问题会像海浪一样冲来，而你十分被动地一一解决。长此以往，相信老板再也不敢把重要的任务交付给你，你早晚有一天会被这种生活方式击倒、压跨。

可以说，如果你长期把大量时间花在不重要但紧迫的事情上，很遗憾，你将一事无成。因为这些事情对你的主要目标来说并不重要，它们除了浪费你很多时间以外，还从另一个方面证明你是一个控制不了自己情绪的人。

只有重要而紧迫的事才是需花大量时间去做的事。它虽然并不紧急，但决定了我们的工作业绩。80/20 法则告诉我们：应该用 80% 的时间做能带来最高回报的事情，而用 20% 的时间做其他事情。取得卓越成果的员工都是这样把时间用在最具有“生产力”的地方。

所以，我们要养成做“要事”的习惯，对最具价值的工作投入充分的时间。这样，工作中的重要的事不会被无限地拖延，而工作对你来说也就不会是一场无止境、永远也赢不了的赛跑，而是可以带来丰厚收益的活动。

第一次就把事情做对

“第一次就把事情做对（Do It Right the First Time，简称 DIRFT）”是美国著名管理学家菲利浦·克劳士比“零缺陷”理论的精髓之一。他告诉人们，“第一次就把事情做对”是最便宜的经营之道！道理很简单：第一次没有把事情做对，势必要做一些修修补补的工作，做第二次、第三次，这些都是额外的浪费。

在很多人的工作经历中，应该都发生过工作越忙越乱的情况：解决了旧问题，又产生了新问题。由于忙乱而产生新的工作错误，结果事情越做越多，不仅自己忙，还会使身边的人也跟着忙，最终造成了巨大的人力和物力的浪费。

要想在工作中避免这种“忙乱症”，“第一次就把事情做对”是最好的解决办法。

有人会说：“人非圣贤，孰能无过。要一点错误都不犯，这不可能啊！”话这么说是没错，但是我们会发现，工作中的绝大多数错误，其实都是可以避免的。人们犯错的根本原因，不是没有不犯错的能力，而是没有那种“绝不犯错”的心态。

有一个制造业的老板，为了产品的合格率和交期伤透了脑筋。有一次，协商会上，一个从基层提拔上来的班组长提了个大胆的建议：取消返工的流程，将合格率直接与奖金挂钩。

管理层听到这个建议，很是不解。因为取消返工流程，就意味着增加员工的压力。在大家的观念里，所有产品不返工是“不可能”的。但反正没有别的招了，老板就决定试试。

没想到，因为没有了返工流程，工人们都对手中的产品格外谨慎，错误大大减少。更重要的是，工人们发现：第一次就把工作做对竟然如此简单！他们的工作热情、工作态度乃至生活的态度，都有不同程度的提高。

三个月后，这家企业的产量就实现了翻番，而产品质量并没有受到任何影响。

由此可见，“第一次就把工作做对”并不是不可能，相反，这是对企业和员工个人都负责的一种工作要求。提倡第一次就把事做对是一种安全、科学而且高效的工作方式和方法。

执行力的高低最终决定竞争力的强弱，直接影响到企业的生存与发展。因此，我们强调“第一次就做对”。“对”是战略目标，“做”是执行，“第一次”是效率。

盲目地忙乱毫无价值，必须终止！第一次就把事情做对，才是解决“忙乱症”的要诀。我们每个人都应该检讨自己的工作，因为第一次没把事情做对，给企业造成的损失是巨大的。第一次就做对必定创造财富！忙于解决问题一定使你破产！企业中每个人的目标都应是“第一次就把事情做对”。

至于如何才能在第一次就把事情做对，我认为我们不仅要知道什么是“对”，而且要知道如何做才能达到“对”这个标准。

企业中每个人的目标都应是“第一次就把事情完全做对”，至于如何才能做到在第一次就把事情做对，克劳士比先生也给了我们正确的答案。这就是首先要知道什么是“对”，如何做才能达到“对”这个标准。

克劳士比曾经用这样一个故事来说明这个道理。

施工中，有位师傅发现自己需要一把扳手，但是手头没有。于是他叫身边的小徒弟：“去，拿一把扳手。”小徒弟飞快地跑着去了，但过了很久才气喘吁吁地回来。他拿着一把巨大的扳手说：“师傅，扳手。真是太不好找了！”

可师傅发现这并不是他要的扳手，不由生气地说：“你怎么拿这么大的扳手？”小徒弟低下头，显得很委屈。师傅突然明白发生问题的根源在自己：叫徒弟拿扳手的时候，他并没有告诉徒弟扳手的规格，也没有告诉徒弟去哪里找。

这次，师傅明确地告诉徒弟，他要多大尺寸的扳手，要到哪个库房去取。没多久，小徒弟就拿着合适的扳手回来了。

克劳士比用这个故事告诉人们，要想把事情做对，不仅自己要知道怎样做是对的，也要让别人知道什么是对的、如何去做才是对的。

你还忙吗？当然忙！但希望是忙着创造价值，而不是忙着制造错误或改正错误。第一次就把事情做对！每一次都把事情做对！这不仅是一个职业人应该具备的能力，更应该是从小就培养、造就的一种做事的品质。

问题就是人生，价值在于解决

一个人，如果在工作中一直都不制造错误，是不是就算拥有了工匠精神呢？未必！因为不制造错误的人，也可能制造问题。这是因为在一个集体中，工作并不是单一存在的，而是互相影响的。

先来看下面这个最简单的例子：

这天，一个企业的溶出车间急需用水管。车间在五楼，于是一个员工得到通知，从一楼拖出根管子就冲上车间。他第一时间把管子送到了需要的岗位，得到了车间主任的嘉奖。

但是，这个员工拖出来的管子本来插在一个油桶的，所以管子上的残油淋淋沥沥地从一楼一直滴到五楼。

为了处理这些油，该企业的清洁工不得不再打扫一遍楼道。

孤立地从完成工作的角度来看，这位员工保质保量的完成了他的本职工作，但是从整个组织来看，他为别人制造了工作。如果一个人总是只完成自己的工作，而不考虑是否会给别人带来影响，这本身就是一种工作问题。

在我们的生活和工作中，总是会有问题的，只是问题有大有小而已。工匠精神的三大信条之一，就是“公司请我来是为了解决问题，而不是制造问题”。

稻盛和夫曾经提出，人和物质一样，也有“可燃型”、“不燃型”和“自燃型”三种。第一种是点火就着的“可燃型”的人；第二种是点火也烧不起来的“不燃型”的人；第三种是自己就能熊熊燃烧的“自燃型”的人。

所谓“自燃型”的人，就是从来不会“等别人吩咐了才去干”、“因为有了命令才工作”的人，而是“在别人吩咐之前自发去干”的主动积极的人，他们应该都是热爱工作的人。而想要成就某项事业，就必须成为能够自我燃烧的人。

也就是说，在工作中，按部就班地干活，只是完成了一个人的基本职责。自发自动地干活，勇于发现问题并解决之，才是一个人能力的真正体现。试想，遇到意外的事，你会怎么办？是找思路想办法，还是置若罔闻，又或者是找理由逃避？你的想法和做法，决定了你能否将自己的能量最大限度地发挥出来。

我们用一个最简单的打螺丝的例子来说明。

一个车间，两个工人都在打螺丝。在打螺丝的过程中，工具常常会掉落到地上。根据工厂规定，损坏一件工具，照价赔偿。

工人A为此每个月都会被扣掉一些钱，虽然他一直很认真地工作，但只能在多打几个螺丝获得额外奖励上下功夫。

工人B被扣了几个月工具费后，就开始想办法。后来他在工作台上钉了个钉子，给工具绑上一根皮筋，再把皮筋系在钉子上。这样，工具就算受到外力被弹开，也不会掉到地上了。

就这样，虽然两个工人的技术熟练度是一样的，加工的螺丝数也基本相同，但是工人 B 每个月都能比 A 多拿些薪水。后来，车间主任还在全车间推广了这个简单实用的小技巧，工人 B 也因此拿到一份属于自己的“技术发明奖”。

上面的例子告诉我们，要成为一个工匠，不仅要有扎实技术能力、相应的理论基础，更要善于发现问题、解决问题，灵活地利用周边的条件为己所用。

首先，要意识到问题的存在。

意识到问题的存在，是解决问题的开始。有的人会这样想：反正公司是老板的，有问题跟我何干？我做好本职工作就行了。这类人却不知道，这样的想法不异于自寻死路。因为作为组织的一员，公司的问题其实就是你的问题。你今天忽视问题，到了问题产生坏影响的时候，威胁到的其实是你自身的利益。

19 世纪末美国康奈尔大学科学家做过这样一个实验：科学家将青蛙投入已经煮沸的开水中时，青蛙因受不了突如其来的高温刺激立即奋力从开水中跳出来得以成功逃生。

然后科学家把青蛙先放入装着冷水的容器中，然后慢慢加热，结果就不一样了。青蛙因为开始时水温舒适而在水中悠然自得。随着温度渐渐升高，当青蛙发现无法忍受高温时，已经心有余而力不足了，不知不觉被煮死在热水中。

这就是著名的“温水煮青蛙”的故事。为了不成为温水中的青蛙，我们应该加强问题意识的培养，让自己在工作中保存迫切感、使命感，加强信息的感受与处理能力，培养主动探求与掌握解决问题方法的意识。

其次，要有确定与定义问题的能力。

问题的定义是决策的起点。对同一个问题，不同的人很可能会有不同的看法和理解。同一个事件或现象，由于经验、阅历、认知和利益等因素不同，人们可能看到的是不同的问题，或者对问题有不同的定义。

一个公司面临营业额连年下滑的危机，必须采取相应的行动。管理层经过研究，提出这样两个方案：

方案一至少可以保证 40% 的员工能够坚守岗位，并保住 60% 的生产能力，而且一旦市场有所转机，下岗的员工可以被迅速召回并恢复原有生产能力。

方案二需要立即让 60% 的员工下岗，并直接丧失 40% 的生产能力，下岗的职工能否再返岗或被妥善安置，完全要靠市场转机和运气。

把这两个方案同时拿出来，让模拟决策者对两个方案分别表明自己的支持程度，很可能就会有更多人倾向于方案一。因为大家看到的主要不是威胁，而主要关注的是机遇，而方案一显得更加正面和积极。而实际上，两个方案是完全相同的。

另外，同一件事情用不同的标签来定义和辨识，也会导致不同的理解、影响和效果。这些都需要我们拥有确定和定义问题的能力。

最后，才是寻找可能的解决方案并去执行。

慢慢来，比较快

有一个驾校的老教练，每次面对他的新班级，都会先说一句："开车，要懂得慢，能慢才比较快。"

"为什么？"总是有人会不解地发问。

"等你们正式上路的时候就知道了。"老教练总是这样回答。

上路了，新手们都跃跃欲试。听老教练讲完各项基本要领，特别需要注意的事项后，手刹一放，油门一踩，新手们就像欢快的小兔子似的窜了出去。

碰到上坡，新学员一着急，熄火了，再打火，车抖了一下，又熄了。老教练在一旁轻轻地说：“慢点。”

“哦。”学员点点头，慢慢点火、踩油门、松离合器，车缓缓地启动了。

“原来慢的道理在这里啊。”学员们若有所悟。

“不，还有更多。”老教练意味深长地笑着说。

一期学习快结束了。最后一天，两个学员相约比比车技。老教练说：“好，我来做裁判。”说着上了其中一个学员的车。

50多公里的车程，最后老教练坐的那辆车先到了。另一个学员很不解，因为全班技术数他最好。他问：“老师，你是不是在路上帮他开了一段？不然我原来领先的，怎么不知什么时候就被你们超过去了？”

老教练说：“我一直在副驾驶上看着。只提醒了一句话：慢点开，会比较快。”

失败的那个学员大惑不解。

这时，其他学员也都围了上来。老教练说：“你只想着快点开到目的地，就拼命踩油门。这样乍一看是很快了，可是路上的情况千变万化，你总难免会碰到需要急刹车的时候，这样你的速度就一下被减慢了。等你再加速，却已经慢了。其实还不如一直平平稳稳地开车、提前处理情况来得快。我们这辆车，就是在你差点碰到一辆自行车停了一下的时候超过你的。”

老教练最后语重心长地说：“你们的学习马上要结束了，以后自己上路，千万要记得，慢才是王道。慢不仅是对自己和别人的安

全负责，更重要的是，慢才是快的真谛。”

老教练说的是开车的道理，其实做人做事也一样。古人早就说过：欲速则不达。你越是希望很快完成事情，结果不但达不到目的，反而还因快变慢。现在人讲求急功近利，发财要快，做什么都要快，结果往往适得其反。

哪怕是做投机色彩很重的短线股票，也是需要在背后做大量的工作的。前几年很多人炒股亏得很惨，除了整体行情不好之外，其实也有自己的因素：看着身边的人炒股轻轻松松赚了大钱，就想着自己也能做到。于是轻易入市，有些人连公司报表都不会看就把大量资产投进去，只想着搏一搏。这样的结果当然是忧多喜少。

还有一种常见的情况是听了某个证券分析师的讲座，或者在某个有点小职权的朋友那里得到些小道消息，就认为这是自己的机会，是“人无我有”的信息，一定要博一次。这样的人的结果往往也极不乐观。

其实，即使在中国股市最不景气的那几年，也不乏赚钱者，瞅准时机全身而退的更不是少数。但这绝非一腔热血或者几个小道消息所能带来的，靠的是厚实的积累和严谨的统计，最后才是准确的眼光。

股市是这样，其他的事亦然。事情得一步一步来，按部就班，不可能不经过耕耘就有收获。就像农民种地，春天要耕地；夏天要除草追肥，引水灌溉；秋天要收获归仓；冬天还要准备来年的种子。那些一厢情愿想要一蹴而就的人，历史上给了一个著名的说法——揠苗助长。

不能否认，现在社会上有一种风气，什么事都想快点完成，在最快的时间里拿到成果。最后产生的结果就是每个人都忙忙碌碌，却不知道自己在忙些什么，甚至一年忙碌下来，都不知道自己真正得到了什么。

因为人在急切地追求一个目的的时候，会相应地失去内心的清明，所以他的精力、能力就会无形地消耗于这种追求中。很多时候，这种追求达不到应有的目标，比如一个人想发财、想出名、想升官，都不是追求就一定能到手的。有时候目的达到了了，却发现茫然若失，因为在追求的过程中，心已经失去了。

有一句被广为引用的印第安谚语这样说：如果我们走得太快，停一下，让灵魂跟上来。我们可以说一句实用版的："慢慢来，会比较快！"

在纷繁噪杂的生活和工作中，懂得慢的人，至少有以下的收获：

1. 不会因为急于求成而犯错

除非别有用心的人，不会有人有意犯错，但急于求成会让人犯下不该犯的错误。所以，碰到周围环境都很急的时候，提醒自己，慢慢来。可以规避许多不必要的麻烦，最主要的是，这种心态并不会真的减缓你的工作速度。

2. 能够帮助你修炼定力

很多成功人士都说过，自己被人传诵的传奇，其实也不过就在关键时候做了正确的选择而已。但是说来轻巧，能做到的人不多。因为越是关键的时候，越需要定力。习惯于在生活中不急躁、按部就班完成工作的人，他的定力也会在不经意间增长。

3. 有助于提高心理承压力

何为心理承压力？有位企业家用一个很形象的例子说明过。

一些面粉放上水揉一下，然后一捏，此时面粉很容易会散开。但是你继续揉，揉了千遍百遍以后，它再也不会散开了。你将它拉长，它也不会散架，只会变成拉面。这是因为它有了韧性。

这种韧性就是人在社会里立足的基本能力之一。有这种韧性，遇到失败和痛苦你就能够承受，不然就会像没揉好的面粉一样，散了。

学会慢着去工作、去生活，就是锻炼自己的承压力。

人生就像一场马拉松，如果你总是用百米冲刺的心态和速度去参与，那么不是力竭而亡，就是半途而废。那些能跑完全程并取得好名次的人，往往都是跑得并不快但一直稳步前进的人。

不论你做什么，都不要急于求成。罗马不是一日造就的，工匠也不是一天炼成的。

光有理想不够，还要找到通往理想的路

案例链接——德胜洋楼：我们都是工匠

我们最缺乏的是对常识的认知和遵守。我们是缺乏常识的国家，在很多国家是常识的东西，在我们这里却成为了渊博的知识。我们追求知识，但我们却漠视常识，就像我们每一个人都想拼命奔跑起来，但却不愿意去好好学习走路一样。——聂圣哲

这是一所国内唯一没有围墙、门卫的工厂，工人们路不拾遗，夜不闭户。

这个企业只有一个销售人员，却还经常要拒掉一些客户，业内人称“生生把一个市场销售部做成了市场拒绝部”。

这是一家“另类”的公司，在各方面都标新立异，但老总却说，自己只是在做常识。

这就是聂圣哲创造的德胜（苏州）洋楼奇迹。

不走捷径才是硬道理

说德胜是企业中的奇迹一点都不夸张。一个千人左右、几亿产值的公司，影响力却已经远远超越了许多产值几百亿的公司。一本内部刊物《德胜员工守则》结集出版后，多次再版、重印，被奉为管理界的圣经。

德胜洋楼的核心价值观十分简洁、朴实：诚实、勤劳、有爱心、不走捷径。

聂圣哲是安徽的农家子弟，从小知人间疾苦。大学毕业后，又留学美国，并在国外工作过很长一段时间。在旅美生涯中，他游历世界

各国，观察各民族的优秀特质。他看到德国人的严谨，日本人的细致，美国人的开拓和务实……相比之下，他对于国人好走捷径、好耍小聪明、不遵守规矩的现象愈加深恶痛绝。

聂圣哲认为，正是中国人好走捷径、不守规矩、不老实按制度办事的风气，导致中国企业无法像德国和日本企业那样制造出精品，这也是中国企业无法作强的一个重要原因。

所以，当他回国办实业时，把“不走捷径”作为基本价值观，在德胜落实了下来。

德胜是一家从事美制现代木（钢）结构住宅的研究、开发设计及建造的企业，因此旗下的员工大部分是文化程度不高的工人，也就是现在常说的农民工。要将这些饱受中国农耕文化、世俗文化影响的人改变为诚实、勤劳、有爱心、不走捷径的现代产业工人，聂圣哲可谓费劲苦心。著名的《德胜员工守则》，就是他在对我国传统文化思考并剔除糟粕后，一点一滴凝聚的符合人类现代文明的结晶。

如何才能教会员工不走捷径？德胜的新员工培训很有代表性。

聂圣哲认为，勤劳、敬业的工作态度，远比工作知识、能力重要，而敬业的基本表现，就是认真。所以，德胜对新员工的培训主要是工作态度——认真，与未来岗位的技术、技能都无关，主要是做室内外清洁、帮厨、园林绿化等工作。

德胜规定，新员工只要是35岁以下的，不论什么学历什么经历，统统从打扫卫生开始培训。

培训的标准定得极高，不求快，只求好。室内清洁至少是5星级标准。马桶要清洁得里面的水可以喝。据说有一次聂圣哲还特地叫人去化验马桶里的水，跟自来水比较，看是不是一样干净。后来化验结果显示，果然和自来水一模一样。

室外清洁除了每天擦门窗外，还包括每一住户的信箱、路牌、广告牌，园内的每把座椅、每张桌子都至少擦一遍。不论有没有灰尘都要天天擦。擦的方法是先用湿布擦一遍，然后再用干布擦干净。

培训的标准定得很细，连刷马桶这样的工作都有既定的程序。新员工只要按程序执行就可。这些工作没有多少技术含量，看上去单调、重复，但是体现的正是“认真”二字。认真 = 按程序做事。

聂圣哲是个非常强调常识的人，在他看来，诚实、勤劳、认真这些态度，本应该是一个社会人、职业人的常识，而现在在这个社会里变成了奢侈的品质。这就是整体社会的常识匮乏。而他的努力，就是让人首先做个认真、诚信、称职的人。

他曾经举了一个例子：很多老师或是老板常认为“不想当将军的士兵不是好士兵”，这就是一种典型的常识匮乏。因为一个人只有首先做好一个士兵，才有可能当上将军。一个简单的小事都做不好的人，又怎么保证他能做好更大、更复杂的工作？那些看似繁琐的打扫工作，正是磨砺每个新员工的心志：要认真，不能走捷径。

所以，在德胜公司所有员工的胸牌上都有一句话：“我首先是一个诚实、勤劳的人。”

视诚信如生命

聂圣哲的美国背景，使他能跳出国人的思考范畴来思考诚信这个问题。他曾说，在美国的中小学教育中，撒谎是不可饶恕的犯罪，因为维系美国存在的法律制度的根基就是诚信。不过在中国特殊的传统文化影响下，“诚信”这两个字的弹性变得很大。很多商业问题、管理问题的根源都在此。

所以，要真正落实工匠精神，诚信就是一条底线，是绝对不能讨价还价的。

在德胜，员工不需要打卡上班，上下班的时间靠自己控制。你如果要迟到早退，一两次可以，但如果你总是耍这种小聪明，你离开德胜的日子也就近了。一个对自己都没有诚信的人，不符合德胜人的标准。

德胜让很多企业咋舌的是无需上级领导审批的报销制度。不过在报销时财务人员会提醒你，你需要对自己的报销行为负责。聂圣哲认为，传统的让领导审批后再报销的制度，是无形中让领导承担了诚信的责任，而人应该为自己的信用负责。很难想象一个对自己的信用都不负责的人，会能对工作负责。

作为一个建筑企业，德胜对质量上的诚信更是到了不近人情的地步。

2004 年夏天，德胜某工地验收时，投资方发现有一座房子进门阳台的地砖测量有误——里端和外端的长度不一样，里端一侧多出了十几公分。但地砖的整体感觉没问题，因此甲方验收人员认为不影响质量，同意接收。

这件事被聂圣哲知道了，他马上决定返工，把这个阳台打掉重做！当时客户觉得没大事，只是细节上的一点小问题，不是内行人根本看不出来，就没觉得算了。但聂圣哲态度非常坚决。他说："这不是产品合格不合格的问题，而是我们工人、技术员的手艺合不合格的问题。你给了我这笔工程款，我一定要把合格的、质量最好的楼房交给你。结果合格，但是建造过程、细节、方法不合格，就是手艺不合格。手艺不合格，就是砸我们的牌子，即使结果合格也没用。"

聂圣哲当即让工程部通知原来的工人马上赶回该工地，还从各处抽调了几十个技术人员，连夜将阳台打掉重做。聂圣哲的做法，让每个员工都从中吸取到了经验教训。

另外一件事有点戏剧化，但是更能反映聂圣哲对“诚信”二字的坚持。也是 2004 年，一个德胜公司建造的木结构房屋已经封顶了，但投资方迟迟不按照合同规定支付剩余工程款项，也不理会德胜公司的催款提示。

别的公司碰到这样的事，一般是向投资方诉苦、不断催讨，很少有人敢理直气壮地要钱。因为在工程建设项目上，拖欠工程款已经成为人人皆知的潜规则。

但是，德胜公司是个视诚信如生命的公司，她自己首先恪守诚信，同时也要求对方一样诚信。

“如果到时不付钱，就毁掉房子！”聂圣哲做出最后决定。

做过导演的聂圣哲充分发挥了他的戏剧天分：他在工地入口处竖起一块大牌子，上面写着一行十分醒目的大字：“支付工程款倒计时”。大牌子旁边还挂着一只闹钟，闹铃时间定在了 12 点。

牌子另一边是一架高举着手臂的挖掘机。聂圣哲和德胜的员工严阵以待——12 点一到，若不付款，立刻将刚建好的房子推倒。

最后，投资方按时付款了。

事后，作家周志友问聂圣哲：“当时，你是真的要推倒这些工程，还是吓唬吓唬他们的？”

“怎么是吓唬他们的？那绝对是要推倒的！”聂圣哲的口气不容置疑。

“真推倒了，那你们的损失可不是成百上千万的小事啊！”

“就是损失几千万，也不能开这个口子！必须按合同办事！”

这就是聂圣哲坚持诚信的理念！

屹立不倒的极致品质

德胜价值观深入人心最直接的体现之处，就是德胜工程的质量。德胜在施工质量和服务质量方面提出了“质量是道德，质量是修养，质量是对客户的尊重”的 19 字质量方针。

德胜对品质的极致追求，是不走捷径价值观的表现，永远“以能定产”而不是“以销定产”。在德胜人看来，订单多不一定是件好事！之所以拒绝订单是因为接多了做不过来，更做不出德胜人的品质来。所以，当它的生产能力和赚钱发生矛盾的时候，永远舍弃赚钱而保证自己的实际能力。

聂圣哲说：“我们的发展战略是不求大，但求做强、做精！我们要做瑞士钟表型的企业！”

德胜对品质的要求，用一个小细节就能反映出来。德胜建造的房子，门环上的一排“十字”螺丝，凹纹的指向都相同，排列得整齐划一。屋里所有插座上的“一字”螺丝，凹纹也都整齐地一字排列。这在建筑行业是非常难得的精细和严格。

这样做看起来有点形式主义，但聂圣哲显然是要借此培养员工的品质意识，他要求德胜人像德国工人那样，精细化地、严格地按程序、按标准做事并且要形成习惯，保持工作质量的恒定和精益求精。

再比如钉木板，德胜的标准是要求每隔 6 寸钉一枚钉子，决不允许在 6 寸半、7 寸的地方钉钉子。虽然从牢固程度来说，6 寸半、7 寸钉钉子对牢固性能没有影响，但是长此以往，工作程序和标准就会被践踏，慢慢地，8 寸、9 寸都会出现，产品质量就会受到影响。

聂圣哲提出一个“乐干”精神，简单地说就是快乐地工作。这个

生命的价值在于聚焦，聚焦 = 拒绝

道理仿佛老生常谈，却是跟德胜对极致品质追求密切相关。这要从埃及金字塔说起。

早在 1560 年，瑞士钟表匠塔·布克在游历埃及金字塔后得出结论：金字塔的建造者不可能是奴隶，应该是一批欢快的自由人。布克的理由与他的亲身经历有关。

布克曾因反对教规而被捕入狱，在监狱里，安排给他的工作还是制作钟表。但他发现无论什么严厉的制度措施和惩罚手段，都不能使他制作出在自己作坊里那样精细的钟表。后来，布克发现，真正影响钟表准确度的是工作者的心情。他说："一个钟表匠在不满和愤恨中，要想完美地完成制作钟表的 1200 道工序，是不可能的，要精细地磨锉出一块钟表所需的 254 个零件，更是比登天还难。"

以此类推，布克认为，金字塔的建造者是一批怀有虔诚之心的快乐的自由人。因为被严厉监管的奴隶对工作必然有对抗情绪，这样的心境是不可能建造金字塔如此浩大而精细的工程的。

德胜人能将质量精细化到如此程度，跟乐干精神息息相关。如果只是被动地执行程序，那将是非常枯燥而痛苦的事；只有充满热情地工作，才能愉快、出色地完成它。

充满热情地工作，就是乐干，就是我要干。

布克关于金字塔的建造者是自由人的结论，也正是来自他对钟表制作的认识和经验。金字塔这么浩大的工程，被建造得那么精细，各个环节被衔接得那么天衣无缝，建造者必定是一批怀有虔诚之心的自由人。绝难想像，一群怀有对抗情绪和工作懈怠的人，怎么能让金字塔的巨石之间连一片刀片都插不进去。

布克认为，在严厉监管之下，别指望有奇迹发生。因为人的能力，只有在乐于干的心态下，才能发挥到最佳水平。

逼我干、要我干，和我要干、我乐干的效果截然不同，看来德胜人深谙此道。

聂圣哲说："当你把工作作为一项任务去完成的时候（要我干），那仅仅是完成任务，并不能把一项工作做好；只有充满激情的时候，才有可能把工作做得出色。所以我们的程序化工作要执行，同时还要唤起员工的热情。被动地执行程序，也就是完成任务而已。只有充满热情地去工作，才会取得完美的成果。"

充满热情地工作，就是乐干，就是我要干。

点评：

在中小企业平均生命不到 4 年的环境下，一个规模不算大、资产也并不雄厚的企业，稳稳当当地走了 15 年，而且成为业内不可或缺的一份子，成为很多大企业争相学习的对象，不能不说是聂圣哲的功劳。

业内人都知道，凭聂圣哲的能力、人脉、背景，他完全可以去做更大更赚钱的企业，比如炙手可热的房地产业。但他却兢兢业业地做了一直都不被看好的建筑业。把德胜洋楼做好了，做强了，做出品牌了，这些也许还不能算是他最了不起的地方。德胜精神领导下的德胜人才是聂圣哲最了不起的业绩——把小农经济思想下的农民工培养成产业工人，也就是最基础的工匠。

2009 年 7 月丰田管理大师河田信来德胜参观后称赞说："盲目发展是 20 世纪旧的认识观。如果仅仅是追求公司的规模、利润和市场占有率，那么人类就会走上与其他生物完全没有关系的一条道路。德胜没有走这条路。"

从这个角度来说，聂圣哲的明智，超人一等。

ARTISAN SPIRIT

第五章

工匠之器——唤醒生命中的正能量

人的潜力远远超出人类对潜能的一切联想。永远追求更完美是每个工匠都具备的品质，这就需要不断开发自己的能量，挖掘潜能。同时，也要懂得借助其他方面的能量，不同的专业知识、他人的信息以及社会的其他正能量，都是工匠能力持续成长的源头活水。

生命预演：让爱苏醒

我爱____的二十个理由

1	
2	
3	
4	
5	
6	
7	
8	
9	
10	
11	
12	
13	
14	
15	
16	
17	
18	
19	
20	

如果爱，请深爱！

签名：__________

带着爱去处理人际关系

社会学将人际关系定义为人们在生产或生活活动过程中所建立的一种社会关系。心理学将人际关系定义为人与人在交往中建立的直接的心理上的联系。现在我们常说的人际关系，主要指人与人交往，也被称为“人际交往”。

人际关系对于一个社会人有多么重要，这里已无需赘言。各种构建人脉的方法、与人交际的技能，仅编成书的早已汗牛充栋，更不必提其他形式传播的。在这里我要强调的是，交际时运用一些技巧是正常的，但是不要忘了，一定要带着爱。

如果没有爱，交际的技巧就会成为权术，甚至阴谋，最终沦为手腕。

在日常生活中，最需要处理的人际关系就是工作中的人际关系。特别是在都市中，你可以跟邻居“老死不相往来”，但你不能不面对工作中的上司、同事、下属，更不能不打起精神面对客户。归纳一下，在工作中有以下这些方面的人际关系需要处理。

1. 如何与上司相处

（1）少说话，多做事。

（2）要让他充分信任你，这个充分的信任是建立在充分交流的基础上的。目的是让你了解他，同时也要让他充分了解你。

（3）当上司表达出与你不相同的意见时，你得仔细倾听。

（4）不管做什么事情都需要向上司汇报。最好能写个短小而又精练的书面报告。如果不方便，可以用其他方式汇报。但请记住：书面优于口头，面谈优于电话，还有要弄清先报告什么后汇报什么。要讲清已做到上司交待的哪些要求，完成哪些任务等。

（5）在你认为自己的某一个想法比较成熟的时候，请采取一种你认为最委婉的方式向上司说明你的想法。尽量能让他支持你。

请记住，上司也是人。一旦你真正处理好了与上司的关系，你就会觉得你们更像是伙伴而不像是上下级。作为伙伴，上司会委托你更多的任务，使你有更广阔的发展空间。

2. 如何与同事相处

即使你不加班，一天也有 8 个小时和一班同事在一起，随之问题便产生了：与家人是亲情，与朋友是友情，与恋人是爱情，但与同事之间的关系却十分复杂。不过，只要真心带着爱去处理同事关系，即便是有竞争关系的同事，也不难和睦相处。

（1）与同事相处的第一步便是平等。不管你是职高一等的老手还是新近入行的新手，都应绝对摈弃不平等的关系，心存自大或心存自卑都是同事间相处的大忌。

（2）和谐的同事关系对你的工作不无裨益，不妨将同事看作工作上的伴侣、生活中的朋友，千万别在办公室中板着一张脸，让人们觉得你自命清高，不屑于和大家共处。

（3）面对共同的工作，尤其是遇到晋升、加薪等问题时，同事间的关系就会变得尤为脆弱。此时，你应该抛开杂念，专心投入工作中，不耍手段、不玩技巧，但决不放弃与同事公平竞争的机会。

（4）当你苦于难以和上司及同事相处时，殊不知你的上司或同事可能也正在为此焦虑不堪。相处中你要学会真诚待人，遇到问题时一定要先站在别人的立场上为对方想一想，这样一来，常常可以将争执湮灭在摇篮中。

当然，世间有君子就一定会有小人，所以我们所说的真诚并不等于完全无所保留、和盘托出。尤其是对于你并不十分了解的同事，最好还是有所保留，切勿把自己所有的私生活都告诉对方。

所以，同事间相处的最高境界是永远把别人当作好人，但却永远记得每个人不可能都是好人。

3. 如何与下属相处

（1）和下属相处，重要的是搞清楚自己所扮演的角色，弄清楚自己是"卖"什么的，摆正自己的位置，明晰主管的主要任务和立场，才不至于"错位"、做不该做的事和说不该说的话。

如果你是主管，那么，你应该扮演领导者、教练、绩效伙伴、变革者四种角色。作为经营者的代言人，站在公司的角度来看问题处理事，领导激励下属完成任务，训练下属，提高他们的技术和能力，共同完成组织部门的绩效。

（2）要学会和下属沟通，了解下属心里所想、工作所需。你要会倾心长谈，发现优点及时表扬，发现错误及时批评，帮他改正、进步。同时掌握公司内外部沟通渠道、方式，如开会、写报告等，以进行流畅的组织沟通。

（3）你要会有效激励下属，挖掘下属的潜能。不能仅是"胡萝卜加大棒"，那只是技巧，而是要运用综合性的激励手段方法，让员工自动地往前走。为此，在支付员工物质薪水的同时，你要懂得支付员工精神薪资，以满足员工各个层面的需求，达到效果最大化。

4. 如何与客户相处

（1）尊重客户。不管你的年龄比客户大还是小，一律要以尊称来称呼客户。切记不要在跟客户还不熟的情况下直呼其名，或者称客户为小张、小刘之类，这样的做法很失礼，客户可能根本不会理你。

（2）不管是做什么生意，首先得保证质量，不能让客户承担质量上的风险。这是爱的基本保证。

（3）跟客户说实话。不要把客户当傻子。想蒙骗客户的人，也许能够成交一两笔小单，但最终不会成为大商家。

（4）跟客户成为真正的朋友。这是最高境界，需要长时间的积累和交往。这点也是最难的，但并非完全没有可能。

黎巴嫩诗人纪伯伦曾这样说：

生活的确是黑暗的，除非有了渴望；

所有渴望都是盲目的，除非有了知识；

一切知识都是徒然的，除非有了工作；

一切工作都是空虚的，除非有了爱；

当你带着爱工作时，你们就与自己、与他人、与神性合为一体。

德国作家尼娜·拉里什·海德尔说过，爱是唯一的力量。爱是把我们内心和外部世界联系起来的唯一力量，她消除一切矛盾，化解一切分歧。所以，不论你从事什么工作，以及在工作中处于什么样的地位，带着爱工作，带着爱跟人交际，都会让你事半功倍。

有效沟通，和他人一起修行

一个小公主病了，她娇憨地告诉国王，如果她能拥有月亮，病就会好。国王立刻召集全国的聪明智士，要他们想办法为公主拿来月亮。

总理大臣说：“它远在三万五千里外，比公主的房间还大，而且是由熔化的铜所做成的。”

魔法师说：“它有十五万里远，用绿奶酪做的，而且整整是皇宫的两倍大。”

数学家说：“月亮远在三万里外，又圆又平像个钱币，有半个王国大，还被粘在天上，不可能有人能拿下它。”

国王又烦又气，只好叫宫廷小丑来弹琴给他解闷。小丑问明一切后，得到了一个结论：如果这些有学问的人说得都对，那么月亮的大小一定和每个人想的一样大、一样远。所以当务之急便是要弄清楚小公主心目中的月亮到底有多大、多远。

于是，小丑到公主房里探望公主，并顺口问公主：“月亮有多大？”

“大概比我拇指的指甲小一点吧！因为我只要把拇指的指甲对着月亮就可以把它遮住了。”公主说。

“那么有多远呢？”

“不会比窗外的那棵大树高！因为有时候它会卡在树梢间。”

“用什么做的呢？”

“当然是金子！”公主斩钉截铁地回答。

比拇指指甲还要小、比树还要矮、用金子做的月亮当然容易拿啦！小丑立刻找金匠打了个小月亮、穿上金链子，给公主当项链。公主非常高兴，第二天病就好了。

这个故事说明一个道理：人本能地较少关注其他人的真实需求，而是习惯按照自己的意愿做事情。但是现代社会分工越来越细，越来越多的工作都必须合作才能完成，所以不懂得沟通的重要性、不能有效沟通的人，往往不论多么努力，做事的效果总是不好。

所谓沟通，是人与人之间的思想和信息的交换，是将信息由一个人传达给另一个人，逐渐广泛传播的过程。著名组织管理学家巴纳德认为“沟通是把一个组织中的成员联系在一起，以实现共同目标的手段”。

在一个组织中，信息沟通有其不可或缺的存在价值。管理层与管理层、管理层与员工、员工与员工之间都需要沟通来掌握和传播信息、交流思想，从而使组织内部成员之间互动地把握自己与他人、与总体的动态联系，从而推动组织的发展。

有效沟通可以消除误会，增进了解，融洽关系。如果彼此缺乏沟通，就会产生矛盾，出现隔阂，甚至形成内耗，影响工作的绩效。为了保证组织目标的顺利实现，我们应该高度重视管理工作中的有效沟通。通过良好的沟通，为决策者提供全面准确可靠的信息，达到组织内部的人际关系和谐，保证工作质量，提高工作效率。

具有工匠精神的员工应该做到：有问题，不抱怨，去沟通！同事之间要做到开诚布公，直接沟通，不绕弯子。我们坚决反对当面不说，背后乱说；会上不说，会后乱说；我们提倡好消息向下传，坏消息向上传。

美国著名心理专家威廉·克瑙斯针对现代都市人群怨天尤人的心理隐疾，曾罗列出人们的习惯性抱怨表现，常见的有以下若干说法。

你怎么就那么笨？

你到底还能不能做完？

你能不能做好一件事？

你知不知道你在做什么？

你这是自作自受。

你真够丢人的！

我走以后你会后悔的。

你真让我笑掉大牙。

你早就应该听我的。

你怎么还不明白？

你是干不了那件事的。

就因为你，我才会得到这样的结果。

看看你都做了些什么！

我已经跟你说过了。

……

类似的说法还有很多。是不是都是我们在工作中自己会说也听别人说过的话？这些语言只表达了人们在工作中的情绪，却对解决问题没有丝毫帮助，反而会影响沟通的流畅。

德鲁克曾说过："人无法只靠一句话来沟通，总是得靠整个人来沟通。"总的来说，沟通就是人与人之间传递情感、态度、事实、信念和想法的过程，所以良好的沟通指的就是一种双向的沟通过程。

也就是说，沟通，不是你一个人在发表演说，或者是让对方唱独角戏，而是用心去听对方在说什么，去了解对方在想什么，对方有什么感受，并且把自己的想法反馈给对方。

如何做到有效沟通？可以分为四大步骤：

1. 聆听是沟通的前提。有一桩禅宗公案，叫做"树倒无人听"，是这样阐述聆听的重要性的。

师父问："如果有一棵树在森林中倒下了，却没有人听见，它是否有发出声音呢？"

有个弟子回答："没有。因为声音是使人产生听觉的振动，所以无论森林中有多少树倒下，只要周围没有人在听，它就没有声音。"

师父认为这个弟子悟到了禅的本意。

我一直强调，工作中的每个点滴都是修行的过程，都能帮助我们反省和精进。和人的沟通当然不例外。良好的沟通可以看做是和他人一起修行，而聆听，就是其中重要的一环。

聆听应做到照单全收，听完再说，不要打断别人的说话，如确实需要打断，应礼貌地告诉别人。

2. 区分是对聆听内容的判断和思考。之所以说“沟通从心开始”，是因为一个不用心思考的人，是难以区分、判读所听内容的。区分这个步骤，也可看做是修行中“明心见性”的一个过程。

3. 确认是沟通的灵魂。沟通过程中，可能因沟通者本身的特质或沟通的方式而造成曲解，因此传送讯息者与接收者间必须借助不断的回馈，去弄清双方接收及了解到的是否一致，我们把这个过程，叫做确认。

只有通过确认，我们才能确定对方说的和你听到的是不是一致。沟通不畅最大的原因就是对同一个信息，每个人接受到的信息量是不一样的。这跟接受者的阅历、经验、性格、思维方式等都有关。我们不可能要求每个人的思想都一样，但是我们可以用确认这个步骤，来让大家向同一个方向思考。

4. 对话是彼此对沟通内容的再次确认与对事情的各自观点的表达。

总之，有效沟通是管理者必备的一种高尚品质，也是敬业精神和崇高职业道德的一种表现形式。学会沟通，自如掌握沟通技巧，又善于在必然和偶然中运用它，会使许多工作获得事半功倍的效果。

请记住：有效沟通从心开始，口乃心之门户！

你之所以觉得孤独，是因为不知道怎么爱自己

保持初学者心态

“初学者看待问题的角度多种多样，但专家看待问题的角度少之又少。”这是禅宗大师铃木俊隆对世人的告诫。因为初学者的心态意味着在每一个状态出现时，都有可能以最初的感受来做回应，而不会心怀成见。

所谓初学者心态，不是学生般的诚惶诚恐，它是一种谦卑的态度和不迷惑于表象而要洞察事物的勇气。乔布斯的办公室里就有一条标语：“东方佛学中有一句话：永远保持初学者的心态；拥有初学者的心态是件了不起的事情。”

相信不少人都有这样的经历：到一个新环境，比如搬家或者旅游，看到身边一切都是新鲜的。当在一个环境里住了一阵子后，那些原来让你惊喜的风景、建筑、小吃等，都变得习以为常，而你对它们也慢慢地视而不见了。

对，这就是人之常情。所以乔布斯说："拥有初学者的心态是件了不起的事情。"

当我们刚刚获得一份新工作的时候，无不欢喜雀跃。专业对口的踌躇满志，想大展身手；专业不对口的也摩拳擦掌，打算后期直追——反正"艺多不压身"！但是，随着时间的流逝，三个月、半年、一年、三年……我们熟悉了工作流程，也磨去了工作热情。工作，就这样变成了按部就班的例行公事。

一个有初学者心态的人，不会害羞，喜欢提问，他们不害怕争论，而且对未知保持好奇。因为要想掌握人类学习的精髓，提问是很重要的一点。

当然，保持初学者心态者，在独立思考的前提下，也善于聆听。因而能精确地在当下认识事物的本质。

在工作中，只有拥有初学者的心态，才能始终保持一种对知识的饥渴，较少地将自己的想法、判断与期望投射在其中，从而会把时间都放在如何有效率地度过每一时、每一刻上。

拥有初学者的心态，你就拥有无与伦比的激情。我们都知道，激情是开发自身潜能的有力武器，所以，保存初学者的心态，就等于为自己打开了一条通往智慧的开放通道。

保存初学者的心态，有助于你汲取外界的营养，获得走向成功的正能量。沃尔玛的创始人萨姆·沃尔顿，就是一个一生中时刻保持着初学者姿态的成功者。

在创业初期，沃尔顿便经常"光顾"竞争对手的店，以了解、学习他们的商品价格和经营策略。这个习惯在沃尔玛成为"最大型的超市"之后依然如此。他像一个刚刚创业的店主那样，勤于拜访企业，并且每次拜访都问很多问题。

显然，沃尔顿从竞争对手那里学到了很多东西。他把别人的好创意用到自己的企业中，并且一直致力于改善企业的经营模式。

沃尔顿从来不会因为自己偷学别人的做法而感到羞耻或是故意隐瞒，他说：“我的很多营销手法都是从别人那里学来的。假如沃尔玛沉浸在荣誉中，墨守成规，那它就无法生存到现在。”

然而，时刻保持初学者的心态并不容易。尤其是当一个人在某些领域已经有所成就，如仍能保持一种初学者的心态，更为难能可贵。一位从事旅游业的经理，曾经说过一件很有代表性的事。

有一次，一位商学院的学生来商量毕业旅游的事，由于人数较多，又是学生，所以副社长亲自接待了他。这位经理恰好在场。

显然，这位学生对旅游比较感兴趣，一切谈妥之后，就开始跟副社长聊起了旅游业的商业规划，说了很多战略，当然脱不开书本的理论知识。

副社长听得很认真，还不时地提一两个问题，学生也很耐心地作答。

其实这位副社长从业已经七年，打理该社也有五年，论知识、阅历，都远远超过这个学生。他却像是一个新手在虚心地请教。因此，该经理后来叹息：“我不敢保证，如果一个大一的师弟或师妹在我面前侃侃而谈我应该这样，我应该那样，我会毫不厌烦，虚心地听他讲！”

很明显，这位副社长并不只是谦虚而已，也不仅是遵循人际交往的一些既定法则，他是真的把自己放在一个初学者的位置上，请教并学习。

也许有人要说：“那个一知半解的大学生能教他什么啊！”未必，因为“生命有限，知识无穷”，任何一个人，即使他在某一方面的造诣很深，也不能够说他已经彻底精通，彻底研究透彻了。所以，古人有“一字师”，孔子云“三人行必有我师”，都是这个道理。

总的来说，保持初学者的心态，对立志成为一名工匠的人来说，有以下几个好处。

1. 维持对工作的热情，激发智能和潜力。

2. 减少因重复工作带来的怠懒和疲倦，让工作更快乐。

3. 利于跟身边的人有效沟通。

4. 有助于让自己日益精进。

从现在开始，坚信自己是一名初学者。你会发现，眼中看到的都是新鲜的事物。这种力量将会促使你将工作完成得趋于完美，成为一个合格的工匠。

懂得“复盘”才能持续精进

精进是八正道之一，是由于心力而产生一种向上的力量，在行为上意指身体力行善法、勤断恶根，对治懒惰松懈。

精进对人的重要性，可以比喻为让马达运转的能源。对于我们而言，能源必须自己生产。“精进觉知”，由此可见其重要性。

复盘就是指在棋类博弈中，分出胜负后，双方棋手把刚才的对局再重复一遍。很多棋手平时在训练的时候，都把大多数时间花在复盘上。

复盘的好处是可以加深双方对此次棋局的印象，也可以找出彼此攻守中的漏洞。可以说，复盘是提高自己水平的绝好方法。通过复盘，当以后某种类似的局面出现时，你往往能够知道自己将如何去应对，从而对下一步的走向作出判断。

在工作中，我们也应该具有复盘的能力。这种能力表现在每天工作结束后，我们及时做自我反省和总结。这是为了总结一天工作的得失，吸收经验教训，为以后工作的顺利开展做好铺垫。

如何实现复盘，让自己持续精进？不妨在一天的工作结束时，用五分钟静静地想一下：今天的工作中哪里需要改进和进一步加强？遇到了哪些困难？有什么解决方案？

养成记录工作感悟的习惯，有助于增长复盘能力。时间长了，不但能积累丰富的工作经验，同时也能使自己的心性得到提升。

复盘的关键在于自省。正所谓“知人者智，自知者明”，懂得客观地看待自己，反省自己，既是一个人修身的基本功之一，又是增强实力的一条重要途径。很多成功人士都把自省作为鞭策自己的有力工具，比如晚清名臣曾国藩。

曾国藩年轻时“自负本领甚大”，而且好交际，喜欢玩乐宴饮。30 岁后，他开始意识到自身的不足。为了改善自己，曾国藩采取了不少办法，其中最著名的方法就是写日记。

曾国藩日记大多是当天生活的复盘：从早晨起床开始，吃了什么饭，和谁说过什么话，甚至晚上做的梦，都有记录。

然后，曾国藩会反省自己一天的言行，发现其中哪个地方做得不够，就加以自责，并做深刻检讨。

曾国藩写日记不光自己看，还让别人看。他把日记抄录数份在朋友圈子里传阅，并让大家谈自己的感想，或批评，或鼓励。曾国藩就是通过这种方式点醒和提示自己，并让亲友们形成强大的外在监督力量。用他的话说就是：“势必有所激，有所逼，才能有所成。”

据史书记载，曾国藩天资并不聪慧，既不是神童，也并非出身世家。用现在的话说，是硬件软件都一般的人。他能成为“内圣外王”式的人物，成为清朝的“中兴之臣”，和一生注重自我修养，使自己不断精进的努力是分不开的。

我们对一天的工作进行复盘后，可以从以下几个方面来反省自己，持续精进。

1. 工作态度：今天在工作是否有偷懒的行为？是否尽了全力？有无浪费时间？

2. 工作方法：今天所做的工作处理是否得当？有没有可能出现更好的结果？

3. 工作进程：今天的工作是否完成了既定的目标？是否给自己提出更高的要求？

4. 人际交往：今天对人是否友善？是否说过不当的话？有没有伤害过别人？

一个人最难战胜的就是自己。不要害怕自我否认，因为懂得反省，实际上代表的是充分自信。所以，一个合格的工匠，应当在不断反省中获取力量，持续精进，成就卓越。

用智慧驾驭你的情绪

一提起情绪，人们常常觉得它是理性的对立面，其实不完全如是。因为一般人们认为，快乐、愤怒、恐惧和悲哀是人类 4 种最基本的情绪。这些情绪与人的本能需要紧密相联，其中包涵着丰富的智慧。

一个人的情绪智慧，可以简单地看作人对自己情绪的控制力，即一个人对自己情绪的意识水平和管理水平。《圣经》中的箴言告诉人们：不轻易发怒的人，大有聪明；性情暴躁的，大显愚妄，说得就是情绪的智慧。

冲动是魔鬼，这句话已经是老生常谈。因为冲动而带来巨大后果的例子，古今中外都不胜枚举。比如被一只苍蝇毁灭人生的路易斯·福克斯。

路易斯·福克斯是1956年世界台球冠军赛夺冠呼声最高的名将。最后一场夺冠比赛上，正当他准备全力以赴拿下比赛时，发生了一件意想不到的小事：一只苍蝇落在主球上。

路易斯挥手赶走苍蝇，俯下身准备击球。但是那只苍蝇又飞回到主球上，他只好再一次撵走苍蝇。可当路易斯第三次准备击球时，那只苍蝇再次飞回停到主球上。观众不由地开始嬉笑。

愤怒的路易斯失去理智，他用球杆去击打苍蝇，球杆碰到了主球，路易斯被裁判判为击球，他失去了一次机会。

之后，路易斯显得方寸大乱，连连失利。就这样，一个本来唾手可得的冠军，被他的对手夺走了。

第二天早上，人们在河里发现了路易斯的尸体，他自尽了。

人们提起这个故事，都会惋惜路易斯为何要用球杆去击打苍蝇，以至于失去冠军也丢了性命。但其实球杆碰到主球还可以看作一个偶然，因为即使失去了一次机会，并不等于路易斯就不能问鼎世界冠军，毕竟他还遥遥领先于对手。

真正的悲剧在于路易斯的情绪一直被偶然发生的事情控制。他先因为一只无关紧要的苍蝇而失误，又因为一次失误而失控以致失去世界冠军，最糟糕的是，他居然因为失去世界冠军而放弃自己的生命！他的悲剧，其实是性格的悲剧。用今天比较通行的说法，他是个高智商低情商的人。

控制情绪并不等于提倡人要每天冷若冰霜不苟言笑，而是指让情绪成为自己的助力而不是阻力。比如，我们在生活都碰到过这类事：

上班路上，突然堵车，紧赶慢赶还是迟到了；你坐在电脑前正专心致志地工作，突然停电了；谈得好好的客户，突然毁约不签单了；同事莫名其妙地埋怨你，其实那件事跟你基本无关……这些随时都在影响我们情绪的事实在太多了，但是如何处理，才是智慧。

有位成功的企业家曾经与别人分享过自己的经验。他说，当自己觉得很沮丧、很困难、很生气、很想放弃的时候，他会把自己关在办公室里 5 分钟。对，就 5 分钟。他允许自己用 5 分钟去释放负面情绪，然后以积极的热情投入工作。

这样做有两个原因：一、人不可能没有负面情绪，七情六欲才为人。如果完全克制情绪，反而会造成情志病。二、5 分钟的限度比较合适，既不会让负面情绪过分压制，又不会因为长期停留在负面情绪中影响工作。

如何提高自己的情绪控制能力，减少负面情绪的影响，加大正面情绪的力度？可以从以下几个方面着手。

1. 转移负面情绪

当发现自己出现负面情绪时，一定要先保持冷静，再采取移情法将之转移。比如数数字，慢慢从 1 数到 60，你会发现自己的负面情绪没那么强烈了。同类的方式很多，人们可以根据自己的条件选择合适的方法。

2. 激励自己，保持正面情绪

按照正能量原理，积极的人不论是工作还是生活都会比较顺利，因为正面情绪会吸引身边同样正向的能量。所以，一个有情绪智慧的人，懂得自我激励，也能有效地利用生活中的正面因素。

有位老太太每天闷闷不乐，因为她有两个儿子，大儿子是卖伞的，二儿子是染布的。所以晴天的时候，她不快乐：大儿子的伞卖不出去了。雨天她也不快乐：二儿子的布晾不干了。阴天她更不快乐：伞没人买，布也不好晾……

老太太终于病了。大夫诊脉后，却不开方，而是对她说，你换一种思维吧，天下雨，你想：大儿子的伞卖得很好；天晴，你想：二儿子的布会晾得很干。这样一来，你无需吃药，病就好了。

世界对每个人都是相似的，但是看世界的眼光因人而异。所以，学会用正面的思维去看待工作中、生活中发生的各种事情，是养生之道，也是成功经验。

3. 学会幽默思维

有一种说法叫幽默是智力过剩的表现。这说明幽默是一种能力，并不是每个人都能拥有的。中国人是世界上比较缺乏幽默感的民族，这跟我们的传统文化有关。但幽默对于一个人来说非常重要，因为幽默不但能减轻精神和心理的压力，还能传递一种快乐、积极的能量，所以幽默的人，非常容易得到他人的好感，为人处事都便利许多。

幽默可以帮助人处理一些应急事件，化险为夷；也可以在碰到不利的情况时化解敌意。比如，在谈判的时候，最容易出现剑拔弩张的气氛。此时，善于控制情绪者常常会用一两句幽默的话把紧张的气氛松缓一下，而不善于控制者可能会因为气氛而自己也变得焦虑，最终火上加油。结果如何，不言而喻。

现在人们都知道“控场能力”的重要性，而一个“控场者”首先要做的就是控制自己，因为自己是最大的敌人。而控制自己的重要环节，就是控制情绪，这就是情绪的智慧，也是一个工匠必不可少的能力修炼。

责备别人的同时也是在暴露自己的缺点

案例链接——原一平：价值百万美元的微笑

他身高只有 1.45 米，体重不到 50 公斤，曾一度被人们称为“矮冬瓜”。怎么看都不符合销售人员的基本条件，可他却成为日本推销冠军。

最穷的时候，他连坐公交车的钱都没有，但却在 3 年内创下了全日本第一的推销纪录。连他的微笑都被称为“价值百万美元”。

他是日本“四等旭日小绶勋章”和美国国际协会学院奖的获得者，前者是日本少有的荣誉，后者更是该机构最高的全球奖。

他的一生充满传奇！他就是日本保险业销售之神——原一平。

困境中的坚持

昭和五年春天。

黄金出口解禁不久；

伦敦海军裁军会议还在召开中；

钟纺公司罢工尚未开始；

日本陆军最大的军官团体“樱会”的成立正开始萌芽……

这一切看似跟一个走进明治公司大门的矮个子青年都没有任何关系。殊不知，多年后，当保险界的各阶层想起这一年发生的重大事件时，总无法忽略这个保险行业的重要节点。因为，这一天是日本推销之神诞生的日子。

推销是一条孤独而寂寞的路，遭到的打击远比其他行业要多，想出人头地也比大多数行业都困难。27 岁的原一平为什么会选择这条充满荆棘的路，已不得而知。但对年近而立尚一事无成的原一平来说，在招聘现场遭到的冷遇，远比这份工作可能想到的困难要难以下咽。

负责明治保险公司招聘的是一位刚从美国归来的资深专家，自诩对推销术研习颇深的他只瞟了一眼原一平，就判断这不是个“干推销的料”。很明显，又矮又瘦长相也很一般的原一平的确没有任何吸引人的魅力。

主考官很忙，现场还有许多人需要他把关。所以他看都没看原一平的简历，只简单地说：“你不能胜任这份工作。”语气自然也是冷冰冰、硬梆梆的。

原一平不高兴了：你还什么都没了解，一句话未说，怎么就断定我不能胜任呢？于是他追问：“为什么？”

主考官不耐烦了：“老实对你说吧，推销保险非常困难，你根本不是干这个的料。”

主考官还是小看这个貌不惊人的青年了。他矮小的身体里天生有着逆流而上的勇气，从小就以不服输、难管教而闻名乡里，是人人都头疼的小太保。

此时，面对主考官的轻蔑，原一平的脾气上来了，他非要问个清楚不可："那么请问究竟要达到何种条件，才有资格进入贵公司？"

"每个月完成10000元。"

原一平来劲了："不就10000元吗，我能做到！"

按理说，这种不礼貌的行径在招聘会场一般是不被看好的，但也许是主考官在美国深造的经历让他欣赏这个青年知难而进的性格，又或者他只是烦了，想快点去忙自己的事，总之，他留下了原一平。

这个决定，改变了原一平的一生，也让之后的明治公司多了一位终身理事。

不过此时，原一平还只是一个"见习推销员"。

作为公司里最底层的员工，原一平没有办公桌，经常被老推销员当"听差"指使着干这干那。原一平倒也不抱怨，毕竟干杂事也是一种学习的机会。但是最让他头疼的是，七个月过去了，他连一分钱的保险也没拉到。公司里从上到下，看他的眼神无不像是在说："你不是干这个的料！"。

其实这个时候原一平已经很窘迫了，因为没有业绩当然就没有薪水。为了节省开销，他早上不坐电车，中午不吃饭，晚上就睡着公园的长凳上。知道原一平生活情况的同事，善良的人摇头叹息；不善的心生讥嘲，觉得这个小伙子简直傻到家了。

原一平并不傻。从小就调皮捣蛋的孩子可能脾气很坏，但绝不缺心眼。虽然因为父母的溺爱他显得有些放纵，但原一平的父亲，那个德高望重且热心公务的男人的做法，也在耳濡目染中影响着他的人格。比如坚毅，比如善于积累，比如不急功近利而是相信功到自然成。

那些讥笑原一平的人不知道，在看上去日复一日没有任何业绩的苦熬中，日本的推销之神正在悄悄成长。

每天早上，原一平从公园的长椅上起“床”，都像从最温暖的床上睡醒那样，舒服而精神焕发得把自己打理整齐。他会在公园边上吃一顿最便宜的早餐，然后面带微笑地步行去公司。在上班的路上，原一平常常会遇到一位很体面的中年绅士。只要碰到他，原一平都会热情地说声“早安”。

这天，互道早安后，这位绅士没有马上就走，而是笑着问道：“我看你每天都起这么早，又总是笑嘻嘻地，全身充满了干劲儿，现在的年轻人能像你这样真是难得啊！如果有空，跟我一起吃早餐怎么样？”

原一平很客气地说：“非常感谢，其实我刚刚用过早餐，现在正往公司赶呢。”

“哦，那就改天吧。”接着这位绅士又很感兴趣地问：“请问你在哪里高就？”

原一平说：“我是明治保险公司的推销员。”

绅士笑着说：“正好我也要买保险，那就在你这儿办好啦！”

这是原一平人生中的第一张保单。从这一天开始，投保人世界在原一平面前再也不是铁板一块，那位绅士不仅自己投保，还为他介绍了不少客户。以此为基础，原一平继续开展业务，他之前的学习和积累终于有了用武之地。之后的年底统计数据显示，原一平在 9 个月内共实现了 16.8 万日元的业绩，不仅远远超过了当时的许诺，还成为全公司业绩最高的人。

38 种笑

很多人提到原一平的发迹史，都习惯于强调他在逆境中的坚持以及自我激励，殊不知如果没有精益求精的专业精神，再坚韧的心性也只能是盲目坚持，再强大的心理暗示也只能等同于自我膨胀。

所谓专业精神，最典型的莫过于原一平的微笑。

原一平自信，但并不狂妄。他知道自己的外表实在缺乏吸引力，可以说是先天不足。但外表是天生的，笑容却是可以练习的。为此，他苦练笑容。

谁都知道，笑颜迎人更容易获得他人的好感，一般的礼仪培训也能锻炼出职业化的微笑，但是能够对一个笑容下那么大功夫的，除了原一平恐怕也寥寥无几。

原一平找了一面大镜子，能照出全身的那种，一有空就对着镜子假设各种场合练习不同的笑。他练习的不仅仅是脸部的表情，而是“全身的笑”。

平时走在路上，他也会在假设的场景中展现各种各样的“笑”。以至于隔壁家的太太看到原一平走在大街上傻笑，也不跟人打招呼，很奇怪他是不是最近受了什么刺激伤到大脑。

练得入迷的时候，原一平连晚上睡觉的时候都会被“笑”醒，冲到镜子前面检验自己的笑容是否符合梦中的情景。

这个时候的原一平已经不是一个为了拿一份薪水过日子的推销员，而是一个要把推销事业做到极致的研究者、追求者。如果说当年原一平能遇到那位绅士是偶然，那么原一平的成功其实是必然。因为让他绝处逢生的，其实不是天上掉下来的好运气，而是他对工作的那份痴迷和追求极致的热情。

在最困难的时候，原一平用微笑向一个素昧平生的绅士推销了自己；在事业有了起色的时候，原一平的野心，是要用笑容向世人“推销自己”。

原一平把笑容分成 38 种，并练习到一旦需要某种笑容就可以轻松调用的程度。这听起来除了有点夸张之外，似乎不是很难，但仔细想一下，其中的困难可以说是无与伦比。

这38种笑容中，有不少是非常接近的，比如“使对方放心的笑”和“消除对方压力的笑”；比如“吃惊之余的笑”和“意外之后的笑”……

不难想象，这些笑容之间的细微区别，绝不是在字面上分开就可以，而是需要无数现实中的仔细观察和实景经历的积累，并且要有过人的敏锐和耐心才能做到。因为没有足够的敏锐，无法清晰捕捉如此细小的生活细节，而没有足够的耐心整理、总结，再多的细节也只能是一闪而过的生活碎片。

从细分这些笑容可以看出，原一平对客户的研究、对产品的研究已经达到了极致，同时也在这个过程中把自己雕琢得臻至完美。

批评会和“精进”

这个世界上能够创下与众不同的事业的人很多，但不论他们是白手起家还是本来就手握资源，这类人都有一个共同点：绝不苟安，永不停止对事业的追求和对自身能力的提升。

人要提升自己的能力，不外乎两种方法：外修和内省。从原一平对笑容的努力，可以看出他几乎已经把外修的功夫做到了极致，而他的内省也与众不同。

从推销工作稍有起色那时开始，原一平就举办了一个批评会，并连续举办6年72次，后来被调查公司的调查取代，直到原一平逝世。

一个人能够把对自己的批评和反省认为是最重要的事情之一，不断反思反省直至生命最后一刻，就如佛讲的“精进”，那这个人会把自己雕琢得多么完美和精致啊！

原一平并不是天生就善于反省的人。他自视甚高，而且脾气也不算好，所以刚开始做推销的时候，他虽然很勤奋，也努力学习各种保险推销技巧，但总是获效甚微。

在原一平穷困潦倒的那段时间里，有一天，他来到了一家叫村云别院的寺庙。在拜访寺庙的住持吉田和尚的时候，他三句话不离本行，向住持介绍起投保的好处来。

住持耐心听完原一平的话之后说：“谢谢你的推荐。不过听完你的介绍，我并没丝毫投保的意愿。”

很少有人如此直率地拒绝原一平。就像在招聘会上那样，原一平的犟劲儿又上来了。他虽然很失望，但没有马上走人，他追着住持问原因，那架势好像主持不说明白，他是不会离开的。

住持慈祥地说道：“人与人之间，像这样相对而坐的时候，一定要具备一种强烈吸引对方的魅力，如果你做不到这一点，将来就没什么前途可言了。”住持的话满是禅意，原一平楞住了，一时没反应过来。

住持见原一平茫然不语，就又补充了一句：“小伙子，先考虑自己，认识自己，然后再去努力改造自己……”

“那么如何才能认识自己呢？”原一平茫然地问。

“赤裸裸地注视自己，毫无保留地彻底反省，然后才能认识自己。”主持回答。

告辞主持离开寺庙后，原一平反复琢磨住持的话，若有所悟。

“原一平批评会”从此诞生。

原一平批评会每月举行一次，每次邀请 5 个同事向他提出意见。

第一次批评会都会使原一平认识到自己平时忽视的很多方面：

——你的脾气太暴躁，常常沉不住气。

——你粗心大意，经常犯一些不该犯下的错误。

——你太固执，总是自以为是，平时应该多听别人的意见。

——你太容易答应别人的要求，让人觉得不可靠，因为“轻诺者必寡信”。

——你的生活常识不够丰富，所以必须加强进修。

……

从1931年到1937年，“原一平批评会”连续举办了6年。原一平最大的收获是：把暴烈的脾气与永不服输的好胜心理引导到了一个正确的方向上。

批评会是要管饭的。其实那时候原一平自己生活非常拮据，所以为了请批评自己的人吃饭，他甚至不惜典当衣物。

对于这些花钱才买来的批评，原一平不但一丝不苟地记录下来，而且做到随时反省，努力精进，使自己尽快成熟起来。可以说，有了这些批评，有了原一平坚持的自我反省，才让他的长处得到了完美的发挥。

“考虑自己，认识自己”其实不只是禅宗的智慧，在古希腊德尔菲的阿波罗神殿中，就刻着一句被人们认为是神谕的箴言：“认识你自己”。因为认识自己，是走好人生的第一步，是每个人一生都难以回避的问题。

正是由于不断努力地认识自己，反省自己，不断改正自身的缺点，完善自己，原一平才从一个其貌不扬的小个子变成了一个有魅力的推销员，终于成为一代推销大师。

点评：

提到原一平，很多人总是热衷于讲他面对招聘时的自信，陷入困境后的坚强，这些固然都是他成功的因素之一，但更重要的是原一平在工作中的认真精神。如果没有对工作精益求精的学习心态，恐怕九个月后的原一平还是一个没有多少建树的保险员，一个人可以靠运气成功一次，但以后是否能成功，还是要靠自己的。

原一平对微笑的研究充分体现了他对工作的精益求精态度，可以说，一个把工作研究到这种程度的人，无论做什么工作都将是不平凡的。

原一平用后天的努力，弥补了先天条件的不足。他的微笑、他的幽默、他体贴人心的服务，都是值得现在的人深思和学习的。

按说，推销行业是最重技巧的，跟工匠精神似乎不沾边，但使得原一平成功的因素，恰恰就是工匠精神的核心内容：热爱工作、持之以恒、精益求精、时刻反省等。因此，从原一平的成功也可以看出，工匠精神具有广泛的适用性，并非只是某个行业的特有理念。

ARTISAN SPIRIT

第六章

工匠之行——在行动中体悟修行的乐趣

每个百年老店的传奇背后，都有几代人的不懈努力；每个世界品牌的创建过程中，都包含无数工匠的辛勤汗水。日本、德国企业永续经营的秘诀，来自一种代代相传的爱和热情，这是小到一个人、大到一个国家不断发展和前进的根本动力。

生命预演：工匠宣言

我是×××。我宣誓：

我将热爱我所做的事，胜过爱这些事给我带来的钱。

我在工作中要精益求精，品质至上。

我视岗位如生命。

……

幸福与财富无关，和内心相连

从前有个村子，村里的人们千百年来都过着平静的农耕生活。虽然并不富有，但也衣食无忧，邻里和睦。

村里土地并不富饶，所以村子里常有人上山砍柴造窑烧炭以为生计。这个村附近的丘陵上长着一种灌木，当地人叫它白木。这种灌木用特殊的高温窑可以烧制成一种白炭。这种白炭是灰白色的，比普通木炭干净很多，表面还有雪花状的纹路，好看又好烧。

后来，有人专门到这个村来收购白炭，并告诉村民这种木头怎么烧制更容易出炭，收购的价格是普通木炭的好几倍。村人一看烧炭是个比较赚钱的买卖，便有大批村民进山砍伐白木。直到这种灌木被砍伐一空。

细腻的木材一般长势都缓慢，这种白木也是如此。村里好几座炭窑红红火火烧了好几年，几户专门烧木炭的人家也过了两年好日子。村人基本都新盖了几间房，逢年过节也多杀几头猪，家里老少也添了几身新衣服。当木材砍伐完了，人们的日子又回到原先的样子。

但是，村子却再也回不到原来的平和安宁了。因为过度砍伐造成的水土流失，破坏了整个村子的生态平衡。气候越来越恶劣，原本可以靠耕种维生的日子也无法持续了。年轻人纷纷出外打工，只留下老人、妇女和孩子挣扎在这片更为贫瘠的土地上。

这不仅是一个村子的经历，其实我们身边这样的村子为数不少。出售原本难得的资源，却只换取一些有限的货币，这种舍本逐末的做法，写在案例里，谁都能一眼看出不明智的地方，但是放在生活中，却很少有人真正去反思。

时下流行的一句话，叫做“30年前用命换钱，30年后用钱换命。”乍一看，是一种无奈，其实是一种完全可以规避的错误。

为什么这么说？本来用命换钱，就是一个不合理的情况。而人们默认这种情况的存在，是因为认同“工作是一种伤害身心健康的事”。但工作是否真的伤害身心健康，这点在前文已经明晰：快乐的工作是一种养生之道。

人之所在会因为工作而出现种种亚健康的状态，归根到底，是人为了钱工作的心态造成的。如果纯粹为了生存，也无可厚非，更可悲的是，不断为了更多的钱而付出生命的代价，这就不值得了。就像前面案例中提到的村民，为了一点眼前可以看到的货币，放弃了生存的环境和可持续发展的可能。

现在有个看似有理但实际经不起推敲的流行观念：人要有钱，要很有钱，不能比别人有钱也要像某某人那样有钱。追逐财富，这是人类的本能，但是如果一个人的生命只剩下了追逐财富，那么他贫瘠的内心带给他的，绝对不会是拥有财富后的满足，而是无尽的空虚。

金钱除了可以提供食物和居所外，只是一种实现目标的手段。而我们经常搞不清楚目标和手段的区别，往往热衷于牺牲幸福来换取金钱。

一个大学毕业生，通过招聘进了一家不错的公司。专业对口待遇不错薪水也足够生活。跟同龄人比起来，他算是很幸运的了。半年后，他在一次合作会谈上，碰到一位很欣赏他的老总。两个人聊得很开心，引为忘年交。

这个老总露出招揽之意，而且愿意开比原公司高一倍的薪水。这个青年开始踌躇了。因为这个老总给他的职位，其实并不是他目前擅长的工种。再说，原公司的劳动合同也没有到期。

青年答复这位老总，要考虑一下。老总笑眯眯地答应了，但是加了一句："要快噢，过了这个村就没这个店了。"他郑重地答应了。

第二天，他跟自己的几个好友私下里聊了聊，几乎所有的朋友都劝他跟原单位解除合同。理由很简单，这么高的薪水，老总还赏识自己，这是多大机会啊。至于业务不熟悉，无所谓，到了岗位上再学呗。

看来应该是这样了。青年决定辞职，但心中觉得似乎有些什么地方不对，却说不出来。

晚上，他的母亲发现儿子似乎有心事，就旁敲侧击地问了一下。母亲是大学经济系教授，也是小有名气的心理医生。儿子把自己的工作问题坦诚相告。他的母亲，那位睿智的中年女人听了儿子的话，冷静地为他分析了以下情况：

1. 他目前的工作专业对口，而且已经在岗位上努力了半年多。如果辞职，等于放弃这半年的努力。

2. 合同没有到期，这个时候毁约，赔偿金倒是小事，但是他会一辈子背上心灵的债务。

3. 现在辞职，在原单位会留下一个不良的影响，这将是人格上的一个污点，也有可能成为以后发展的隐患。

4. 那个老总提供的职位，虽然薪水高也很风光，但并不适合他。

最后，母亲总结，他辞职获益的只是多了一倍的薪水，但要因此失去的，不论是事业上的发展潜力还是人格上的精神伦理都比薪水更多。而且，他和那位老总的默契，并不会因为他拒绝邀请而失去。所以，无需辞职，那是因小失大的做法。

这个青年被点醒了。他平和地拒绝了那位老总的招揽，反而在那位老总心中留下一个“重情义不被金钱所动”的好印象，后来他们成了很好的商业朋友。

为什么这个青年的朋友都会建议他辞职？因为多一倍的薪水和老总的赏识明摆在面前，而人格在诚信上的价值，很难用金钱衡量，所以常常被人忽视。人际关系之间的信任更是无法定量的一种内心感觉。

所以，很多人在面对选择的时候，常常会做出放弃内心而追逐表面利益的做法。尤其是当社会上普遍认为财富的积累是人生目标的时候，我们更容易犯这类错误。

大部分的人会认为高收入等于快乐，但事实上这个说法是极虚幻的。高收入的人对生活会比较满足，但不会因此而比其他人更幸福，他们甚至更容易紧张，也不太会去享受生活。

心理学家大卫·迈尔斯和他的同事们发现，除了在那些极穷困的、连基本的生活条件都得不到满足的地区之外，收入高低和快乐度的关联度都相当低。经济学家丹尼尔·卡尼曼在获得诺贝尔经济学奖后，将他的研究方向转向有关幸福的课题。在他的研究中，卡尼曼和他的同事们也几乎没有找到幸福和财富的必然联系。

此外，还有报告指出，在过去的 50 年里，美国一代代人的富有程度越来越高，但幸福指数却没有什么变化。

所以，请记住，幸福从来就不是奢侈品，也不是必须在我们个人及社会的问题都解决之后才能追求的东西。一个工匠的幸福，不是在于他用产品换得了多少财富，而是因为他工作的过程，对他来说就是幸福。这是属于内心的幸福，是不会为外界环境所剥夺的至高财富。

投入感情，疯狂地爱上你的岗位

关于幸福，也许不同的人有各种见解，但对于快乐，结论应该是一致的：一种身心的愉悦。但现在我们身边不快乐的人真的是太多了！

早上不能睡懒觉而必须上班，不快乐；赶班车晚了以至于迟到被扣钱，不快乐；快吃中饭的时候临时通知要开会，很不快乐；下午被告知周末加班，极其不快乐……不知道从何时起，多少人的快乐指数跟工作息息相关。

其实快乐本来就很简单，如果你能在工作中投入热情，工作本身就是一种快乐。

有一次，乔布斯和他的设计师去吃沙冰，这是他们俩都非常喜欢的一道零食。

乔布斯去拿沙冰，但是很久都没有回来。他的设计师着急了，便去窗口看到底怎么回事。他看到乔布斯正在指手画脚地跟制作沙冰的老妇人说什么，那个老妇人一脸不耐烦地听着，手里制作着沙冰。

设计师笑笑回到座位上继续等待。因为乔布斯的挑剔，熟悉他的人都已经很习惯了。

终于，乔布斯拿着两客沙冰回来了，抱歉地说："让你久等了。不过更遗憾的是，我猜这个沙冰的味道不会太好。"

"噢？都没吃呢，你怎么知道？"隔壁桌的一位食客问道。

乔布斯淡淡地说："因为那个做沙冰的夫人非常地不快乐。她对自己的工作很不满意，所以她的沙冰肯定也好吃不到那儿去。"

乔布斯曾说："工作将占据你生命中相当大的一部分，从事你认为具有非凡意义的工作，方能给你带来真正的满足感。而从事一份伟大工作的惟一方法，就是去热爱这份工作。"

这句话不仅提醒人们工作在人生命中的重要意义，更说明工作的伟大，很多时候来自于你是否热爱它。如果你对工作有感情，哪怕是平凡的工作也会变得伟大，反之，就算是一份别人看来很值得羡慕的工作，恐怕也将成为你的苦难。

稻盛和夫也曾说："在旁人看来，那么辛劳、艰苦的工作，太可怕了，简直无法忍受，根本无法坚持。但是如果你迷恋这个工作、热爱这个工作，那么你就能够承受，一切都不在话下。"现在我们常常看到工作得非常痛苦的人，其实原因在于他们首先把自己放在不快乐的位置上。

那么，如何才能让自己在工作中投入感情，活得快乐，干得开心？可以从以下几个方面来考虑。

1. 不要把注意力放在钱上

这一点非常重要，因为钱是永远都不够花的，如果你的注意力集中在钱上，那么你几乎不可能真正地爱上工作，因为你的感情已经被利益耗尽了。很多人都说，为了某个原因，他放弃了自己的爱好，其实只是为自己的虚荣和不愿意付出找借口。

有位网友曾向一位德行极高的师父请教："为什么像我这样善良的人还会经常感到痛苦，而那些恶人却活得好好的呢？"

师父很慈悲地看着他说："如果你还经常感到痛苦，说明你内心还有恶存在。"

他不服气地说："我怎么会是一个恶人呢？我一向心地很善良的！"

师父说："请你将你的痛苦略说一二，我来告诉你，你内心存在着哪些恶！"

他说："我的痛苦很多！我有时感到自己的工资收入很低，住房也不够宽敞；现在物价这么高，我经常有'生存危机感'，因此心里常常感到不痛快，并希望尽快能够改变这种现状；像我这样一个有文化的知识分子，每月就这么一点收入，实在是太不公平了……”就这样，他向师父述说了一大堆自己的痛苦。

师父和蔼地听他说完，然后说：“你目前的收入足够可以养活你自己和你的全家，你们全家有房住，并不会流落街头，只是面积小了一点而已，你完全可以不必要为这些感到痛苦的。”

这位网友的问题就是在于他一直把着眼点放在钱上，总觉得钱不够，其实是因为自己内心对金钱和住房有贪求心，所以就有痛苦。这种贪求心不但让他觉得痛苦，也遮蔽了他本来在工作中能够得到的快乐。

2. 在工作中找到闪光点

再枯燥乏味的工作也会有它诱人的地方，就看你愿不愿去寻找。千万不要厌倦重复，要知道人在熟悉的地方也能发现陌生的风景，如果你熟视无睹，那只是因为你缺少发现的眼睛。

稻盛和夫经常讲一个“扫地”的例子：

一般人打扫车间，总是用扫把从右到左扫。那么，试试看从四周向中间扫呢？或者，扫把扫地不干净，用拖把怎么样？或者拖把的效果也不好，向上司建议买台吸尘器如何呢？上司如果有异议，该怎样解释呢？可以说买吸尘器要花成本，可是从长期来看，可以节省时间精力，这还是值得考虑的。

再进一步，如果自己改良一下吸尘器，让它扫地又快又干净，会怎样呢？

经常这样想，今天还是扫地工的人，可能明年就是全大厦的清洁总负责人了！因为这样工作的人最容易进步和提升。

即使是扫地这样最普通的工作，只要开动脑筋，都可以有很多闪光点可以琢磨，更别说在其他岗位上工作的你了。

3. 让岗位职责融入生活习惯

这点讲起来比较抽象，可以用一个实例来说明。

杜邦公司对安全的培训是全球著名的，杜邦员工的安全意识也非常强，不仅是在工作时间如此，平时生活中也这样。

有一次，一位杜邦安检员出差外地，住进酒店后，他按照公司的习惯，先检查了客房的防火安全措施。接着仔细阅读了酒店的安全须知，并且记住了门背后的紧急通道疏通图。他还特地走了一遍紧急通道以熟悉环境。

临睡前，他把眼镜、护照等重要的随身物品放在床头柜上的随手可及处，才安然入睡。

半夜，酒店意外发生火灾。这位老安检员被警报叫醒，有条不紊地带好随身物品从紧急通道安全离开。

等大家都撤离到安全地带，人们发现，这位杜邦员工是全酒店唯一没有遗失重要物品而且穿戴整齐的客人。杜邦的安全意识之深入人心，一时广为人知。

这就是把岗位意识结合到生活中的情况。你要明白，不论什么工作岗位，都是社会的一种职能，都是由于人的需要而产生的。也许你的岗位并不像安全员那么重要，但是它肯定不是对生活毫无意义的。

如果你是个文员，那就不妨在生活中做自己的秘书，将整理和分类的能力用到自己的生活里；如果你是个前台接待，那就在生活中也用工作岗位的标准去待人接物；如果你是个管理者，那就把自己的家人也用管理理念规划一下……这样天天积累，不用多久，你就会发现你跟岗位精神已经融合在一起。你就是那个岗位上的你。这样，你和工作就不会疏离，当然投入感情也就很顺理成章了。

其实，说一千道一万，爱上岗位，不是为了让你自欺欺人，而是为了帮助你在既定的岗位上做出更好的成就。人都是不满足于现状的，但是要有所提升，必须先做出成绩，才能赢得别人的尊重。如果你自己都抱着混日子的态度，又如何让别人认可你呢？

人的一生可以平平淡淡，但绝对不能碌碌无为。生活是建立在辛勤工作的基础上的。如果工作更加快乐，那岂不是更好吗？

做一个时间的吝啬鬼

这世界上有许多东西会越来越多，但有一样东西对所有人来说，只会越来越少，那就是时间！你知道你拥有多少时间可供工作吗？

如果按照一个人寿命 80 岁计算，那么这个人一生拥有 29200 天。

这 80 年中，一般在 1~20 岁和 60~80 岁这两个阶段基本是无法工作的。所以这个人一生真正能用于工作的时间是 40 年左右，也就是 14600 天。

这 14600 天中，除去 40% 的法定假日，工作天数剩下 8760 天。

按每天工作 8 小时换算，那么法定工作时间只剩下 2920 天的时间。就是说，即使你每天 24 小时满负荷工作，也只是占了生命中十分之一的时间，即 8 年。

更何况，现在我们的有效工作时间根本达不到 8 小时，根据统计，一般有效工作时间能达到 60% 的就算一个认真负责的员工了，而每天上班有 40% 时间被用来聊天、上网、喝水等。

因此，这样换算下来，人一生能用来工作的时间，其实不到 5 年。

其实，不用这样细致地换算，很多人都知道时间宝贵，工作的繁忙也逼得人不得不争分夺秒。甚至有人说，忙得连上洗手间的时间都没有。但是这样忙的人不见得是一个真正懂得利用时间的人。

时间就像金钱，需要规划和打理。有句话叫做“理财不是盲目投资”，对待时间，也是如此。

某公司有位女业务员，负责从高尔夫球场及网球场上的新人当中发掘明日之星。一次，她看中了美国西岸一位网球手。

这位女业务员以精力充沛闻名。她即使一天工作了12小时，也不会忘记打电话关心这个选手受训的情况。只要有时间，她都会去看这个选手的比赛，甚至会一周不合眼，在各地飞来飞去，追踪这个选手的进步状况。

一次法国公开赛，这位业务员好容易说服主管让她参加。但是在出发前，她又加了几天夜班，来处理完手头的紧急公务。结果，到她坐上飞往巴黎的飞机时，已经是筋疲力竭。

抵达巴黎的当天，她几乎没有休息，就参加了一个为选手、新闻界人士与特别来宾举行的宴会。虽然几乎已经是大脑空空，但她还是很积极地参与互动，并为这位选手引荐一些要人。

不幸的事情发生了。当这位敬业的女业务员向一位重要的客户介绍她的选手时，话到一半，居然语塞——她忘了这位最得意的球员的名字！

是的，她太疲劳，以至于大脑一片空白。虽然双方都是很有修养的人，尴尬的场面立刻被搪塞过去，但是之后不论她怎么努力，这位球员对她都只是淡淡应付，因为他再也不相信这个业务员的诚意。当然，这位努力的女业务员最终也没有签下这个未来的明星球员。

后来，这位选手果真进入世界排名前十名，但却已经是另一家公司的客户了。

这位女业务员很敬业，也非常努力，但是她忘了一点，时间的利用不等于无限制地拉长工作时间和加大劳动强度。她忘记球员的名字看上去只是一个偶然的事情，其实是一个必然的结果。这次不出问题，下次也会出问题的。

美国哲学家富兰克林说："时间就是金钱。"他又说："我们不能向别人多借些时间，也不能将时间储藏起来，更不能加倍努力去赚钱买一些时间来用。惟一可做的事情，就是把时间花掉。"是的，我们只可以花掉自己的时间，那么，如何才能做时间的主人而不是奴隶，真正"花"好时间？

1. 懂得利用点滴的时间

有位历史学家，在获得博士学位的时候，别人问他："您离开学校的时间已经不短了，从事的又不是历史专业的工作。请问您是怎么得到历史博士学位的？"

这位历史学家回答："我只是每天在等太太出门的时候，因为没事可做，就在客厅里看看历史书。"

这个故事从一个侧面反应出，如果人能每天都用一点时间去做某件事，积累下来的力量是非常巨大的。正如鲁迅先生说的"时间好像海绵里的水，只要肯挤总是有的"。而很多时候，那些点滴的时间就是被我们在一些无聊、空虚的空隙中浪费掉了。

2. 懂得掌控属于自己的时间

茅以升是我国著名的桥梁学专家、教育家、社会活动家。在读中学的时候，他为了能够专心致志地学习，在他的住处最醒目的地方贴了一张纸，上书十一个大字"来客闲谈不得超过五分钟"。这样，就算有人来了，看到墙上的字，也不好意思多坐，把该说的事情说完就走了。

现代社会是一个以交际和沟通为主要纽带的社会，人不可能脱离他人而存在。不论是在工作场所，还是在日常生活中，我们都会碰到被他人浪费时间的情况。这时，知道如何合理地对待就很重要了。在不伤害人际关系的前提下，不要被他人浪费自己的时间，当然也不要自己不自觉地浪费时间，才是真正懂得“花”时间的人。

3. 懂得尊重别人的时间

在工作和生活中，常常有这样的场景：某人碰到什么事，随口就问：那谁谁，这个事怎么怎么样啊？完全不顾他人此刻是不是忙于其他事情。这就是一种不尊重别人时间的表现。

国内一个著名企业的老总，有个非常让人钦佩的工作习惯：不论什么时候，哪怕只是要找最底层的员工了解一点问题，他都会事先问一声：你什么时候有空？有空的时候请来一下。

有一次，由于一件非常紧急的事情，他的助理直接给另外一位经理打电话，告诉他马上来一趟。这位老总很生气，不但亲自打电话回去重新让对方安排他有空的时间，还把那个助理当成反面教材在公司里公开批评。

这位老总的理由很简单，每个人都有自己的工作安排，谁都不喜欢被干扰。所以，已所不欲勿施于人，要让别人尊重你的工作安排，首先你要尊重对方的时间。

一个不懂得尊重别人时间的人，也很难真正“花”好自己的时间。就像一个乱花别人钱的人可能会是个守财奴，但绝对不会是能做到利益最大化的能人。

所以，珍惜时间，从尊重时间开始，尤其是尊重别人的时间。

假如今天是我生命中的最后一天

在工作中散发你的人格魅力

人之所以会被人尊重源于两种东西：梦想和素养。梦想的现实存在，其实就是你每天做的事，而素养决定你能做到什么程度。

曾有报道称，某年成龙的全年收入有几个亿。这个数字让很多年轻人艳羡得不得了。据说当时成龙听到后就讲："这是我应该得到的，是多少年拼出来的。年轻人不应该总看到人家的收获，要想想人家的付出。"

为此，成龙讲了一个关于梦想和所做的事之间的关系。

"我当年的梦想是做一个武术指导，因为我觉得这个职业很威风。要做一个武术指导就要先懂得镜头。为此，我先做拿镜头的人，扛了两年镜头。

那时候电影圈武行有一个很有名的人，地位很高，有许多小弟、跟班。我也混在中间，算是小弟的小弟。为了能让他注意我，当我知道他来片场一定要经过哪些地方时，我就每天都站在那里，在他面前露一脸，让他看见我。

后来他终于对我有点印象了。有一天他停下车问了我一句：‘你是跟我的吗？’我说是。他于是让我上他的车。一路上，我坐得很规矩，什么也没说。到片场以后，他看我还算老实，就随口让我帮他擦车。

我这一辈子就没把车擦得这么干净过。那辆车每个缝隙的污垢，我都用牙签来挑干净。后来，他就每天都接我上班，我每天都帮他擦车……最后我终于成了这位武术指导身边的红人，也从他身上学到很多其他地方学不到的知识。”

成龙用他的经历说明，梦想是可以实现的，一个没有任何关系的人也可以成为名人身边的红人。但并不是仅仅有“混个脸熟”的技巧就够了，真正能展现一个人魅力的，还是工作能力。这种能力不一定是做好本职工作的能力，而是可以做好一切相关的工作的能力。特别是一些简单的、平凡的工作，尤其能体现一个人的素质。比如擦车是大多数人都能做的工作，但是能把车擦到用牙签挑干净缝隙的程度，就不是谁都能做到的了。

所以，成功不是偶然的，机遇背后是不懈的努力。

素养是另外一个特别能体现魅力的因素。还是举成龙为例吧。

成龙在香港邵氏片场兢兢业业、刻苦勤奋，由于学得一身好功夫，为人厚道，几年下来，他逐渐担当主角，也开始小有名气。

有一天，行业内的何先生约他出去，请他出演一个新剧本的男主角，“除了应得的报酬，由此产生的10万元违约金，我们也替你支付。”何先生说完强行塞给他一张支票，匆匆离去。

这是一张100万元的支票。对每个月只有3000元薪水的成龙来说，这是好大一笔巨款！成龙从小受尽磨难，比一般人更知道钱的重要。可转念一想，如自己毁约，手头正拍到一半的电影就要流产，公司必将遭受重大损失。于情于理，他都不忍弃之而去。

一宿难眠，次日清晨，他找到何先生，送还了支票。何先生很是意外，他则淡淡地说："我也非常爱钱，但是不能因为100万就失信于人，大丈夫当一诺千金。"

何先生非常欣赏这位年轻人，将他的事情在圈内大加宣扬。公司方面得知后，也非常感动，主动买下了何先生的新剧本，交给成龙自导自演。就这样，他凭借电影《笑拳怪招》，创造了当年票房纪录，大获成功。

那年成龙才22岁，此后，全香港的人都认识了他。

在这件事上，成龙体现出的是他良好的人格和素养。看似失去了100万元巨款的成龙，凭借他的素养获得更大的成功。一直到他成为影帝，他的仗义、敬业备受香港艺人圈的称赞。论相貌，成龙不是最帅的，甚至长得也不算标准；论武功，跟他不相上下的人也为数不少，但没人能否认成龙是那一代艺人中最有魅力男人之一，他其实代表了一个不可替代的形象。

敬业、诚信这些道理谁都明白，知不等于行。正直、勤奋、谦虚、勇敢、节制等做人的原则，说起来容易，但光说并无意义，必须在日常工作和生活中，以具体的行动表现出来，必须把正确的理论付诸实践，而实践是很难的，所谓"知易行难"。

所以，热爱工作，不能空口喊口号，重要的还在于实践，要真正把工作精益求精地做到最好。我们都是常人，总有欲望和烦恼，而现实社会的不公平也常常给我们带来负面的刺激。谁都想受人信赖、受人尊敬，但往往道理说了一堆，能一丝不苟做到的人却很少。

因此，拥有梦想，提高素养，是在工作中展现魅力的两大条件。只有做到这两点，你的工作才真正成为你起飞的平台，而不仅仅是养家糊口的工具，赢得属于自己的真正自由。

世上没有好工作，只有好事业

对我们来说，“好工作”这个词太熟悉了，熟悉到我们极少去思考：何为“好工作”？

一般人的概念中，“好工作”不外乎以下几个条件：薪水多、轻松、社会地位高。在一个世界500强的公司里拿高薪水的工作，这大约是很多年轻人的梦想。但问题是，这样的梦想就像考试想得前几名一样，人人都想，但最后只有最少数的人能得到。

人生不是考试。考试可以有标准答案，而人生的答案在自己手里。根据社会学原理，人在智力正常的前提下，如果不涉及大是大非的选择，那么他所做的决定其实没有太大的对错。因为人生的选择不是一锤定音的考试，而是与时俱进的尝试。

比如你没有考上某个学校，或者没有进入某个行业，你的人生就一定很失败吗？未必吧。人的职业生涯就像一场马拉松，而很多人找到一个“好工作”，其实只是在马拉松的起跑线上看上去更靠前一点。但最后决定你收获的是终点，而不是起点。可悲的是，人们往往更热衷于换个看上去起点更高的跑道，却忘了终点只有一个。

有位女士在美国的一家IT公司工作，那是家跨国公司。当初

她进这家公司的时候，人事经理说："能进到我们这种公司工作，是件很幸运的事情。"

确实，这个公司的待遇非常高。除了一切应有的福利之外，公司还免费供应早餐、饮料、车贴、饭补、取暖费、13个月工资、很多国外培训的机会等。但是这位女士进去后却发现这家公司的人员流动率非常高，常常有人辞职。

开始她很奇怪，不久后就明白了：这个公司加班很频繁，加班到晚上7、8点算正常，有的时候会加班到半夜。偶尔加班，大家还能忍受，但持续几个月甚至一年都加班就会成为灾难，正常人很少能够持久加班的，所以员工也自然待不久。

这位女士也觉得加班很正常，反正大家都加班，但是她的丈夫，一位著名的职业咨询师反对。他的理由很充分：一份正常的工作应该能够在上班时间内完成，如果上班时间完不成，只有两种可能：要么是工作方法有问题，要么是工作太多。前者是自己的问题，必须自己找原因，后者是工作安排的问题，必须和上级领导沟通。

所以，他建议妻子把时间花在让自己如何不加班就完成工作，而不是花在加班本身上面。不用担心那些和她一起进去的同事怎样努力加班以体现自己的奉献精神，因为笑到最后的才是笑得最好的。

果然，一年后，当初和她资历相当甚至表现突出的人，大多辞职了，没辞职的也每日过得苦不堪言。而这位女士因为听从了丈夫的指点，反而成为公司里出类拔萃的员工，即将面临升迁。

这个案例说明，即使你非常幸运地真正找到了一份"好工作"，没有正确的工作态度和工作精神，“好工作”也会成为“坏工作”。现在很多人辞职都是因为工作不快乐，而加班绝对不是唯一的不快乐理由。

比如，有些人相信打工是不快乐的原因，所以决定辞职自己创业，美其名曰“干事业”。这样的人一般都有一点经济地位，能力也不会太差，热情、努力也不会少。但是，创业不是成功学案例，更不是读一些《××宝典》《××跟我学》之类的书就能照搬的，也不是几期培训班、一个MBA文凭能解决的，所以很多意气风发干事业的人，损兵折将赔了本后，往往又不得不重新开始找工作，找个“好工作”。

如果从宽泛的角度来理解，工作和事业本来无需泾渭分明，因为说到底都是一种为了创造价值而付出的人类劳动。如果真正有所谓的“好工作”，那么这个好工作首先应该是一份适合你的工作，它能让你有用武之地，而且能长期地做下去。

其实，在人类劳动史上，人们频繁地更换工作只是起于近代，而在更长远的过去，绝大多数人一辈子只从事一项工作。他们热爱那份工作，工作也融入他们的生命中，这就是他们的事业。

宝洁公司的前董事长约翰·白波在面对采访他的中国记者曾说过：“如今，很少有人像我一样，一辈子只做一份工作，美国如此，你们这里也是如此。”

从卖洗洁精和肥皂的助理销售员到董事长、CEO，白波在宝洁工作了39年，期间只动过一次离开的念头，当然最后也没有离开。

“幸好没有离开，”他说，“如果离开了，也就没有今天的我。”

当然，并不是说人一生就必须只做一份工作，而是强调，要应该明白什么工作是适合自己的。工作不能按照别人的标准、父母的期望或者亲友的建议来。

事业，是属于自己的职业之旅。具体点说，你的事业，应该是能给你带来想要的东西的工作，比如带来潜力的发挥、能力的发展，而不是用公司的大小、规模等条件来衡量事业。小公司未必不是好公司，高收入也未必是好事业。

要让自己在职业的道路上走得更远，首先，要让自己工作得快乐。如果一份工作让你觉得不快乐，甚至很受罪，那么试问你怎么愿意坚持到终点？即使你坚持到终点了，这样痛苦的人生又有什么意义？

其次，要对未来做好规划，尽量让自己劳逸结合。要知道，职业之旅是个很漫长的过程，千万不要在一开始就把力气和耐心耗尽了。很多人刚开始新工作时非常努力，但当力气耐心耗尽而工作又开始重复时，再不幸遇到些挫折，大多数人就会陷入沮丧悲观之中，跳槽换工作也就变成很自然的事情。

再次，要掌握好自己的节奏，不要跟着别人的脚步乱了自己的节奏。人要清楚自己在做什么，清楚自己要做什么，有力气也不要用错地方。有位外企的老董曾经说过，中国人在国外做不到高层的原因，很多是由于中国员工习惯把精力花在拍他们外籍老板的马屁上，却没有把工夫花在给中国客户足够的服务上。

最后，不要着急，要相信水到渠成。一个好工匠不会为了省一点时间而在柜子看不到的地方少打一个钉子，同样，如果你真的有明智的眼光和远大的目标，就不会想着一步登天。因为一个“好事业”不是从天上掉下来的，而是在每天的工作中升华的。

可能，最好的事业已经在你的身边，只是，你还没有学会去发现并珍惜。

案例链接——乔布斯：最伟大的工匠

财富名利生不带来，死不带去，要遵从你的内心和直觉，不要把时间浪费在别人的生活里。提醒自己行将入土是我在面临重大抉择时的首选工具。——乔布斯

是他，让一个濒临破产的公司，在短短 15 年的时间里一跃成为全球市值最大的公司。

美国总统奥巴马盛赞："他改变了我们的生活，重新定义了整个世界，并取得人类历史上极为罕见的成就。他改变了我们看世界的方式。"

他逝世后，世界各地的连锁专卖店门口，顾客们自发排成长龙，将无以计数的献花和留言，摆饰在商店的橱窗前。

他也是一位著名的演讲人，他在斯坦福大学毕业典礼上对毕业生所作的演讲感动了全世界，在日本还被选入高中英文教材。

他就是乔布斯，著名的发明家、企业家，改变世界的天才。

工匠传承的完美主义者

乔布斯的母亲是个单身妈妈，抚养他成长的是他的养父母。老乔布斯夫妇和任何平常人一样普通，他们都没有念过大学，都做着一份普通的、薪水平常的工作。如果说有什么对年幼乔布斯有什么确定性的影响的话，应该就是他养父母的职业，都是要求精密和细致的——机械师和会计师。

很明显，机械师从事的是精益求精的工作，只有更精密，没有最

精密，而会计师是一个考验耐心和精细程度的职业。在这样的家庭中成长，无形中为乔布斯打下了最初的完美主义基础。

乔布斯对工作的完美要求接近苛刻，所以他被称为“残酷的完美主义者”。比如，他会因为机箱底盘上留下的细纹，而直接飞去加工厂，说服铸模工人重铸，直至完美。他还要求机器内部所使用的螺丝一定要有昂贵的镀层，甚至坚持将机箱的内部涂抹成黑色。

著名的“麦金塔”项目是乔布斯完美主义的典型体现。他让团队成员以艺术家自诩，并精益求精，只是希望打造出“比最好还要好一点”的产品。

对于一般人来说，电脑开机时间多十秒钟或者少十秒钟，并没有什么关系，但是乔布斯却用自己独特的方法，向工程师拉里·凯尼恩展示了十秒钟的意义。

乔布斯问拉里·凯尼恩：“如果能救人一命的话，你愿意想办法让启动时间缩短 10 秒钟吗？”然后乔布斯开始在白板上演示：如果有 500 万人使用 Mac 电脑，而每天开机时间要多用 10 秒钟，那加起来每年就要浪费大约 3 亿分钟，而 3 亿分钟相当于差不多 6 个寿命 100 岁的人的终身时间。

拉里·凯尼恩被这种极致的比喻说服了，他立刻着手更改设计。几周后，凯尼恩成功地将麦金塔电脑的启动时间缩短了 28 秒。

这种极度完美主义的倾向，让乔布斯将产品“砍掉重来”简直成了家常便饭。

一天清晨，乔布斯刚起来就找到艾弗，郑重地说：“我一夜睡不着，因为我实在无法喜欢 iPhone 原型机的设计。”iPhone 原来的设计是金属和玻璃并重，乔布斯认为，这样的设计给人感觉非常男性化，显得太注重性能而忽略美观和人性。

跟乔布斯合作过的人都知道，虽然很多时候，这个人看起来像个混蛋或者是疯子，但是他对美、对产品的感觉之敏锐是无与伦比的。艾弗说：“好吧，也许你是对的。我们想想有没有别的办法。”

推倒原来的 iPhone 设计，就意味着之前 9 个月加班加点的努力全部付之东流，但苹果设计团队显然已经习惯了这样的“浪费”。他们毫不犹豫地重新设计手机的外形和内部的电路板、天线和处理器。最终确定下来的 iPhone 设计，就是今天我们看到的：正面覆盖的玻璃一直延伸到边缘，与不锈钢斜边相接，整个手机都是为屏幕而服务。

类似于这种对细节的“锱铢必较”，在整个苹果设计团队中常常见到。可以说，如果没有这种无处不在的工匠精神，根本不可能有“改变世界”的苹果产品。

苹果就像一间艺术家的工作室，而乔布斯则是一名熟练的工匠。乔布斯总是迫使他人做到他们能达到的最好水平，因此苹果的员工总是能完成一些他们原本认为无法完成的工作。

不懈的思考者和创造者

乔布斯在里德大学学书法的事情，已经是他的几个著名故事之一。当时，已经退学的乔布斯不再上那些常规的课程，他根据自己喜好选了一个书法班，因为里德大学提供了全美国最好的书法教育。

他根本没有想到这将对自己的生命有什么实质性的作用。他只是觉得学习各种衬线和无衬线字体、如何改变不同字体组合之间的字间距，以及如何做出漂亮的版式“太有意思了”。

但是 8 年之后，这些东西全派上了用场。当他设计第一款 Macintosh 电脑时，就将它们全部设计进了 Mac 电脑中。Mac 电脑成为了世界上第一台可以排出好看版式的电脑。

如果乔布斯在大学里没有旁听这门课程的话，Mac 电脑就不会提供各种字体和等间距字体。虽然在当时乔布斯并没有先见之明，但能够运用领域之外的知识进行开拓，恰恰是一个卓越的工匠所具有的能力。

乔布斯在退学后，还曾经去印度寻找灵修的奥秘。他光着脚，穿着破烂的衣服，背着背包来到印度。由于错过了拜见印度教圣徒的机会，于是他就在印度四处流浪，阅读并讨论哲学。

这是一次并没有太明确目的的朝圣之旅，但却是一趟远离物质的精神之旅，对于年轻的乔布斯来说，他获得的不仅仅是视野的开拓，还有心灵的净化、精神的升华。可以说，印度之行，对他之后的工作和生活起到不可磨灭的作用。

比如，在印度，乔布斯发现，那些在田间劳作的人使用的还是几千年前的原始农具。乔布斯第一次真切地感受到，一种好用的工具将会给人们的生活带来多么大的帮助。也许他自己都没有注意到，那个伟大的梦想正慢慢浮现出来："我要改变世界。"

乔布斯曾说过："创造性是桥梁，是纽带。"所谓桥梁和纽带便是要从其他行业寻找灵感。乔布斯曾经从电话簿、坐禅、对印度的访问、梅西百货出售的食品处理机或四季酒店那得到灵感，次数之多，数不胜数。他并不是在"窃取"创意，至多算是利用了其他行业的创意来激发自己的创造性。

所以，回顾前事的乔布斯说："你不可能充满预见地将生命的点滴串联起来。只有在你回头看的时候，你才会发现这些点点滴滴之间的联系。所以，你要坚信，你现在所经历的，将在你未来的生命中串联起来。你不得不相信某些东西，你的直觉、命运、生活、因缘际会……正是这种信仰让我没有失去希望，它使我的人生变得与众不同。"

终身的佛教徒和禅修者

“乔布斯为何能超人一等？”这是一个非常吸引人的问题，答案也是多种多样。但不论答案有多少个，至少有一个是无法回避的，就是禅修。禅修让人躲开了尘世喧嚣、避开了众多表面的事务，回归到问题本质。

乔布斯的办公室有两百多平方米，但里面几乎什么都没有，除了房间中间的一个坐垫。那个坐垫是乔布斯用来打坐的。每当在决策前，他都会闭目静坐，然后再决定。这个习惯他已经持续多年。

乔布斯每天坐禅结束时，都会问对着镜子问：“如果今天是我最后的日子，原计划今天的事我还愿意做吗？”

禅修的最大好处是让心安定。当心定下来的时候，人的直觉就会非常清晰、敏锐。有这样清澈的内心，当然能够把握无上的智慧！

不得不说，乔布斯后来在商业上体现出的各种天才，包括慧眼独具的战略思考、艺术唯美的产品设计、别出心裁的营销策略等，多多少少有着他参禅悟道的影子。正如《禅者的初心》所说：“做任何事，其实都是在展示我们内心的天性。这是我们存在的惟一目的。”

根据日本京都大学心理学教授佐藤幸治所做的报告，坐禅有十种明显的效果，包括：1. 增强忍耐力：2. 治疗过敏性疾病；3. 提升意志力；4. 增进思考力；5. 使人格更圆满；6. 迅速冷静头脑；7. 安定情绪；8. 提高行动力；9. 减少各种肉体疾病；10. 达到开悟。

据称，乔布斯 24 岁就患有癌症，而他一直坚持的禅修和素食，可以说是让生命奇迹般延续的重要原因之一。2004 年，乔布斯被确诊患上胰腺癌，医生宣布他只有 3 至 6 个月的生命，可半年后，他依然“与死神擦肩而过”。

经历过一次“虚拟死亡”的乔布斯，对世界看得更为洞透。他告诫世人：“你的时间有限，所以不要为别人而活。不要被教条所限，不要活在别人的观念里。不要让别人的意见左右自己内心的声音。最重要的是，勇敢地去追随自己的心灵和直觉。只有自己的心灵和直觉才知道你自己的真实想法，其他一切都是次要。”

点评：

从作为社会人的标准来说，乔布斯的性格缺陷一大堆，他不遵守通常的社会秩序，退学、出家、狂妄且对人无礼，以及其他匪夷所思的坏毛病，他在被称为天才的同时也被叫做混蛋和白痴。

但乔布斯身上有两种气质，是工匠精神的代表。

一是他不论何时何地都追求精致和完美，并为此不惜付出常人看来不值得的代价。

二是他坚持心灵的纯净，俗世的名利在他眼里，并不像对一般人而言那么诱人。

所以，乔布斯不是一个传统意义上的君子或绅士，在某些方面他甚至不能称为一个“好人”。但他是个独一无二的人，是不可替代的人。因为有他的存在，工匠精神的另一个侧面，被展现得淋漓尽致！

后记　工作是一种修行

2007 年 8 月 1 日，是我的职业生涯转型期。那天，我从一名职业经理人转型到企业教育培训领域。为什么转型？源自对教育的热爱和使命感。

记得刚踏入这个行业时，我对自己写了一句话：对得起自己的良心，不做没有效果的培训！每次课程我都兢兢业业，认真备课、用心授课。每次我都告诉自己，不管讲了多少场，把每次课程都当做生命中的第一场。

我把“传真道，授真业，解真惑，立真人”作为我的教育哲学，运用在自己的工作中指导自己的行为，坚守最基本的商业底线：为善，不害人！

我认为：一个人对他所选择的事业，爱就爱得深，干就干得好！正是带着“工作是一种修行”的工作观，我享受每次课程带给我的成长，也正是在这种修行中，我个人的心灵财富、精神财富、物质财富也得到了成长。

工作中的修行就是“修正内心，改变行为”。“修”是过程，“行”是成果，我把其称之为“正心”。修行的前提是自省，自省才能知对错。修行的方式是把公司当做自我修行的“道场”；把岗位当做修行的“功课”；把“四法”当做修行的“课题”。

修行四法即“学”、“理”、“行”、“果”：

学即学习力，让自己拥有学习的氛围、动力、习惯，把所学转化成生产力；

理即明事理，知对错，不犯常识性错误；

行即持续践行，一件事只有持续践行才会有好的成果；

果即成果，是修行的行为表现。

修行让我对自己的工作产生了敬畏心、感恩心和利他心。我把教育定位成终身的事业，用一生去修行，从而形成了对事业的信仰，有信仰才有活力！

人有了信仰就有了方向，就有了精神的力量，有了信仰就有了生生不息的生命力！这是一个人事业成功的充分条件！

人生在世，不仅仅是享受物质带给我们的奢华，更是一次灵魂的修炼。对企业家来说，做企业也是生命的另一种修炼，是生命的另一种活法，是企业家带领员工一起寻找生命的另一种活法，让生命在创造价值的过程中变得更有意义和更有价值。不但满足物质需求，更要找到精神的力量，从而形成对事业的信仰！伟大的企业家就是要通过成就员工来成就自己。

稻盛和夫认为，每个人心中都有自利和利他两个部分，两者的比例即人格。10%~20% 为自利才是比较完美的人格，灵魂的修炼就是要不断扩大利他的比例，这就必须坚守“员工第一”。企业家要通过企业这个修炼的道场，使生命价值得以提升，实现物质和精神上的成就和幸福，而不单单是物质！

稻盛和夫先生是工匠精神的践行者。稻盛和夫有过关于做企业的论述：做企业的意义和目的要回归到做人的意义和目的。他说，不论你多么富有，多么有权势，当生命结束之时，所有的一切都只能留在世界上，唯有灵魂跟着你走下一段旅程。人生的唯一目的就是修炼灵魂，使它在谢幕之时比开幕之初高尚一点点。

我也是工匠精神的践行者！正是这种践行在我身上发生了质的改变，所以我要把这种精神传播给更多的企业、更多的人，因为有了这种精神，而变得与众不同。

后序一　明灯

初出茅庐，视野狭隘迷离，遇此导师，如晦雾之时，忽睹一颗明星！

新年伊始，接出版社电话，要求以学生身份写点我眼中的付守永老师。夜幕下的深圳，华灯初上，灯光的映射下，街对面广场上一群幸福的人跳着广场舞，月光爬上灯塔的顶尖，回顾两年的时光，老师就如同这天上的明灯，指引着我前行。

两年来，老师给我最好的平台，包容我稚嫩的成长，和风夹杂细雨，润物于无声之中，亦师亦友亦慈父，让我不惧寒暑，笑迎春天。

爱在教育

前年的晚些时候，在长沙有幸与老师首次“同台演出”，老师授课，我做板书，每节课下课我会去老师休息室，请教如何才能更好地配合老师，老师每次不厌其烦，悉心教导，由于过于紧张，大部分谈话内容已经淡忘，唯独付老师对我说的“爱在教育”这四个字深深刻在我的脑海里。

老师说：教育是一份神圣的事业，要终身来追求这份事业，我们用教育来支持企业家，让企业变得更加强大。老师走上讲台的这些年，正是因为对这份事业执着的热爱，用超乎常人的毅力和体能，挑战生理和心理的极限。短暂的激情靠兴趣，持续激情靠信仰，三天的课程老师一站就是 30 多个小时。当学员因收获了精彩的案例和管理方法而兴奋不已时，大家所不知道的是，老师的腿早就站肿了。仅 2012 年最后两个月，他就参加课程 11 场，走访客户 3 次，论坛 1 场。老师几乎没有正常的周末，没有了和家人团聚的时间。总是在路上，他履行着为客户负责的理念，在一场场的课程现场传道授业，在一家家的学员企业中解惑答疑。

我想，付老师一定是对教育有着深厚的感情，仰之弥高，钻之弥坚，他的血脉里早已流淌着属于教育的血液。

敬畏讲坛

拿破仑说过，世界上有两种东西最有力量，一种是刀剑，一种是思想。从长远来看，思想的力量会甚于刀剑。老师对于课程内容严苛斟酌与研究，只为传播的知识更加准确、真实、实用。因为思想犹如菜刀，可以切菜亦可杀人，俗话说：台上一分钟台下十年功，老师在课堂上呈现的，正是他在一家家企业所积累经验的浓缩和提炼。在鲜花和掌声的背后，累积着辛勤的努力和超乎常人的付出。

老师总是很心疼伙伴，很在乎客户，常常冲在一线服务客户。老师常常告诫伙伴“客户是因为对我们信任，才放下重要的事情、时间和金钱来到这里，决不能让我们的客户失望，客户的信任和支持，将托起我们自己和公司的希望。”老师常说：“老师站在舞台上，正是因为伙伴们成千上万个被拒绝的电话，把老师翘到跷跷板的这一端，让老师站在这个舞台上。”

不管是讲第一场还是第一百场，每一场老师都把他当做生命中的第一场，我想唯有内心深处常怀敬畏之心才有严谨的治学态度和成果。

执着于梦

老师最大的梦想就是启发更多企业家的梦想，让企业家因为梦想而变得更加有力量。因为梦想，才不知疲倦；因为梦想，才有了下一次的起航。

记得有一个月老师开课3次，走访客户6家，因为老师说课程的生命力取决于为客户解决问题的能力，所有的信息只有来自一线才更真实更准确更贴切。在广州课程现场，老师发高烧，为了保障学员的收获最大化，老师一直坚持着，站不动了，就坐着讲，嗓子哑了，就吃药补救。课程现场的伙伴们看着老师的状态，都心疼地留下眼泪。不管有多累，当站在台上的时候，他总是像充了电似的，依旧神采奕奕，他会很兴奋地分享着学员的成功案例。每次课程结束，看到客户收获了成果，他总是像个孩子般一直鼓掌。对这份事业，他有着最最简单的初衷，客户收获的时候，就是他最快乐的时候。

人因为梦想而伟大，更因为行动而伟大。没有浮夸的言辞，也没有华丽的修饰。他正是秉承着“做我所说，说我所做”的观点。将课程的实战实效发扬到底。一个身影像伊甸园里的一朵奇葩在坚韧地、灿烂地绽放。

经师易遇，人师难求，我不是他最出色的学生，而付老师一定是我最尊敬的老师，俗话说人有三幸，一幸有一对好父母，二幸遇一位好导师，三幸跟对一个好领导。有幸皆降临我身，唯有勤于精业。

无垠的夜空，群星闪耀，迷人的月光洒满大地，亦如老师，桃李天下！

张浩峰

2013年1月于深圳

后序二　你也可以掌握自己的命运

2012，是我人生最重要的转折点，大学毕业，踏入社会。我是标准的被社会称之为“新生代”的一代。

走向社会，寻找工作，幸运的是我成为付老师的课程助理！过去这一年来，作为付守永老师的课程助理，我几乎游历了大半个中国。

而无论我去到哪里，从我所见到的学员们，所听到的关于付老师的故事中，我都看到了老师身上最真切的工匠精神！

每一天，我所见到的付老师都在以他强大的正能量鼓舞着身边的人；每一天，付老师都在用他的行为提醒着我们，要做一位具有工匠精神的修行者！

记得一次深夜飞行中，因为刚结束三天课程，实在困乏的我小憩过后，在朦胧的夜灯中看到付老师仍聚精会神地翻看机场新买的杂志，一本厚厚的书籍已翻至末尾，并伴随着密密麻麻的红色笔记。我不禁对他这种超强的学习力感到敬畏！于是好奇地问：“老师，您就没有累的时候吗？”老师笑笑没有回答什么，只是继续低头享受着他那知识大餐。后来聊天中老师跟我们谈到：自己之所以能够一次又一次地创造行业奇迹，跟奋斗在一线伙伴的战斗力和学员的支持是分不开的，是他们为老师搭建了展现价值的舞台，而自己能做的就是持续精进，永葆课程的生命力为客户创造价值！

就像经营之圣稻盛和夫所说：付出不亚于任何人的努力。身处万众瞩目的聚光灯下，却能保持这样脚踏实地、谦逊谨慎的作风，看来老师真正像匠人那样要求自己，把自己的一生奉献给一门职业，埋头苦干，孜孜不倦，精益求精，**视工作为修行！**

说到工作，那我又不得不提到另外两个字：品质。从课前的喷绘设计到会场布置，小到一支笔摆放的角度，老师都有严格要求。很多人不理解为什么一个简简单单的布场也要弄得如此复杂，但大家看到第二天学员进入会场第一时间对这些精细化且人性化的设计不断称赞时，都恍然大悟老师的用心良苦。课中老师每一页 PPT 都会精心设计，给人耳目一新的感觉。

然而，课程中最重要并且是付老师最重视的一点，那就是音乐。

音乐是一种具有魔力的东西，它可以迅速使学员进入状态。音乐的好坏在关键时候决定着课程的好坏。在合适的时间配上合适的音乐，可以把整堂课推向高潮。老师总是不断向我阐述音乐的重要性。课程中所需要配合的每一首音乐付老师都会精心挑选，哪个节点播放哪首音乐，什么时候开始什么时候结束，都是有严格规定的。在我与老师的不断磨合中，我们的配合也日趋完美。但付老师总是不满足于现状，工作闲暇之余，也会让我找些更适合的音乐来替代，再一首一首地甄选，严格要求每一首音乐的质量。

这就是付老师另一个匠人所具有的特性：把每个当下做到极致，**视品质如生命！**

跟着老师走过这么多场课程，我深知老师的不容易。光在讲台上站立三天两晚对一个人来说已经是很大的挑战，何况还要用生命演讲。

记得付老师曾经在一条微博中写到：每次三天两晚的课程结束，很多人都问我累不累，说不累是假的。但看到企业家们通过我三天课程由内而外发生的变化及对学习的渴望，感觉到他们发自内心对老师的感谢和对团队的认可，心中不禁充满了能量！很多老师在通过培训的舞台赚钱，而我却用三尺讲台改变和影响一群人！在用生命呐喊，用课程品质为企业家们创造价值！我会一直走下去，为梦想！坚守师道、品质为王、捍卫正义！用师德去赢得尊重！

老师用他高尚的人格不断提醒芸芸众生：工作不仅仅是一种换回物质利益的行为，它更应该是一种生命态度和价值的呈现过程。

这也是我眼中付老师的另一种呈现：**视任务如作品，视口碑如人品！**

在付老师身上，我们学会了不仅仅是把工作当作赚钱的工具，而是树立一种对工作的执著，对所做的事情和生产的产品喜欢精雕细琢、精益求精。带着爱去工作。

我们学会了做一个有信仰、讲诚信、懂感恩的人。

我们学会了摆正心态，先做人后做事……

他，就是这样的人。

我们，将致力于成为这样的人。

张郁薇

2013年1月于深圳

工匠小语

1. 工匠的金钱观：钱是用来干什么的？钱是用来帮助我们实现梦想的，而我们的梦想绝对不是为了钱！

2. 一切问题的根源都是“心的问题”。转变心性，磨炼灵魂！

3. 大爱无我，终成大我；利他之心，终成大器！

4. 工作不仅仅是一种换回物质利益的行为，它更应该是一种生命价值的呈现过程。

5. 工匠精神是一种纯粹的工作观，杂念太多，无法安顿好自己的心灵，浮躁是成功的大敌。

6. 匠人把自己的一生奉献给一门职业，埋头苦干，孜孜不倦，精益求精，视工作为修行，视品质如生命，这样的人最有魅力，也最能打动自己与别人的心弦，感动自己的灵魂！

7. 工作是一种修行！

8. 精进，把每个当下做到极致！

9. 带着爱去工作！

10. 工匠，从尊重一事无成、毫无成就的自己开始！

11. 人生最重要的事，就是找到自己的专长；看似不起眼的行为，也会产生长久的影响。

12. 拥有一颗修行之心才能享受工作带来的乐趣。

13. 你之所以觉得孤独，是因为不知道怎么爱自己。

14. 请选择不被欲望操控的人生。

15. 厌倦，是因为不求自我的成长。

16. 责备别人的同时也是在暴露自己的缺点。

17. 人生需要扎根，生命需要沉淀，修行需要韧性。

18. 身心灵一致，才是真正的修行。

19. 光有理想不够，还要找到通往理想的路。

20. 慢慢来，就是快。不走捷径就是最快的捷径。

21. 无论做什么，都要考虑别人的存在。

22. 乐于付出才能得到最纯粹的喜悦。

23. 打工的状态不可怕，打工的心态很可怕。

24. 有信仰地赚钱。

25. 简单的事情重复做，你就是专家；重复的事情用心做，你就是赢家。

26. 一个人的真正伟大之处，在于拥有一颗学习、谦卑之心。

27. 自醒，才能知对错。

28. 凡事第一反应是找方法，而不是找借口。

29. 生命的价值在于聚焦。聚焦 = 拒绝。

30. 假如今天是我生命中的最后一天？

工匠精神

——向价值型员工进化

一、【课程研发背景】

稻盛和夫先生说：我之所以能创办两家世界五百强企业并保持它的持续成长，是因为我有一个秘密武器：**全员经营！**

IBM 走过百年的历程，成功的核心秘诀是：我们拥有一群高素质、高效率、高度负责、高度忠诚的员工，否则任何组织都无法基业长青！

德胜洋楼：我们占据中国木制房子 70% 的市场份额，我们经常性的拒绝客户订单，是因为竞争对手做不出像我们这样高品质和高质量的产品。这背后是由一群具有**工匠精神的员工**支撑！

相对于迷失在名利海中的人，如何帮助员工树立正确的工作观，是企业获取核心竞争力的秘密所在。

一家**伟大**的企业必须有一种精神的**指引**；

一家**长寿**的企业必须有一种精神的**传承**；

一家**受人尊敬**的企业必须有一种精神的**捍卫**！

工匠精神无疑是这个时代宝贵的精神财富。让我们一起传播工匠精神、实践工匠精神，让更多的企业、更多的员工因工匠精神而创造与众不同的客户价值，从而实现企业的可持续发展。

二、【课程收益】

1. 注重员工**心智模式**的改变而非**态度**的改变；
2. 让全员从**“利益共同体”**迈向**“命运共同体”**；
3. 塑造员工对企业、同事、客户、岗位**立体式的爱**；
4. 注重**全员参与式学习**而非老师灌输式讲解；
5. 注重**系统实战**而非空洞理论的传授。

三、【课程内容简介】

第一模块：**正心**

心灵管理的七大法门，激发员工立体式的爱；改变心智模式，树立正确的工作观。

第二模块：**正念**

思维管理的七大法则，帮助员工改变思维模式。

第三模块：**正行**

工匠精神落地的方法与工具，帮助员工树立正确的行为，建立新习惯。

第四模块：**正果**

进入自我践行的轨道，持续践行工匠精神，持续产生正确的成果。

四、【课程特色】

咨询式内训，根据企业量身定制。

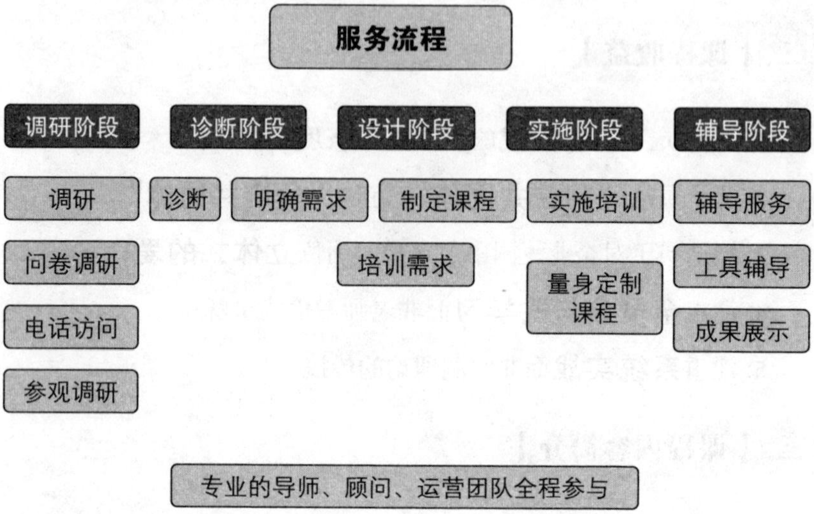

五、【授课对象】

公司全员学习

六、【联络方式】

工匠小管家：张小姐：18682281228

E-mail:xfbuluo@163.com

参考书目

〔1〕宗萨蒋扬钦哲仁波切．正见——佛陀的证悟．北京：中国友谊出版公司，2007

〔2〕圣严法师．正信的佛教．陕西：陕西师范大学出版社．2008

〔3〕星云大师．释迦摩尼佛传．北京：中国佛教协会出版社，2005

〔4〕（日）稻盛和夫．活法．北京：东方出版社，2012

〔5〕（美）扬，（美）西蒙．活着就为改变世界：史蒂夫·乔布斯传．北京：中信出版社，2010

〔6〕（日）稻盛和夫．稻盛和夫自传．北京：华文出版社，2010

〔7〕（日）原一平．行销之神原一平．长春：长春出版社，1999

〔8〕周志友．德胜员工守则．安徽：安徽人民出版社，2006

〔9〕麦克尔·罗奇格西．当和尚遇到钻石．北京：京华出版社，2005

〔10〕王珍．施华洛世奇的水晶世界．浙江：浙江人民出版社，2012

〔11〕《名牌志》编辑部．爱马仕大图鉴．长春：时代文艺出版社，2010

致工匠：创时代，工匠精神的 30 项精密传承

杨朝晖◎著

培育和弘扬工匠精神，是时代的需要，时代的呼唤；是继承，更是创新。

出版日期：2016 年 5 月　页码：244　定价：35.00 元　ISBN 978-7-5158-1631-9

To Artisan

2016 政府工作报告首倡工匠精神

工匠精神，

是中国传统文化的职业操守和负责态度

是企业文化、产品品质口碑与魅力的源泉

是祖祖辈辈工艺传承与突破创新的不竭动力

工匠平静、安适、充实、愉悦、幸福，活在当下，强在内心；打工者焦躁、忧郁、惶恐，再多的财富也没有安全感，永远为看不清的明天奔忙，外表强悍内心空虚。

持一颗笃定的心，努力做一个匠人，修一颗匠心，让“工匠精神”精雕出更多“大国工匠”！

分享经济时代：新经济形态，分享什么，如何分享

［美］杰夫·贾维斯（Jeff Jarvis）◎著

政府官员、企业和公众的分享经济使用手册

正在改变你我工作和生活方式的分享新生态

出版日期：2016 年 7 月　页码：280　定价：39.00 元　ISBN 978-7-5158-1653-1

Public Parts: How Sharing in the Digital Age Improves the Way We Work and Live

促进“互联网 +”新业态创新，鼓励搭建资源开放共享平台，

探索建立国家信息经济试点示范区，积极发展分享经济。

——《中华人民共和国国民经济和社会发展第十三个五年规划纲要》

支持分享经济发展，提高资源利用效率，让更多人参与进来、富裕起来。——2016 年《政府工作报告》

《分享经济时代》一书打破了人们旧有的习惯。贾维斯基于大量的采访，为我们介绍了在分享的基础上取得了不菲成就的人们，并探索出一种非凡的方式来帮助我们协作、思考、组织和创造。